Travel phrasebooks collection
«Everything Will Be Okay!»

C000005255

PHRASEBOOK

— LATVIAN —

By Andrey Taranov

THE MOST IMPORTANT PHRASES

This phrasebook contains the most important phrases and questions for basic communication. Everything you need to survive overseas

T&P BOOKS

Phrasebook + 3000-word dictionary

English-Latvian phrasebook & topical vocabulary

By Andrey Taranov

The collection of "Everything Will Be Okay" travel phrasebooks published by T&P Books is designed for people traveling abroad for tourism and business. The phrasebooks contain what matters most - the essentials for basic communication. This is an indispensable set of phrases to "survive" while abroad.

This book also includes a small topical vocabulary that contains roughly 3,000 of the most frequently used words. Another section of the phrasebook provides a gastronomical dictionary that may help you order food at a restaurant or buy groceries at the store.

T&P Books Publishing
www.tpbooks.com

ISBN: 978-1-78716-264-8

This book is also available in E-book formats.
Please visit www.tpbooks.com or the major online bookstores.

FOREWORD

The collection of "Everything Will Be Okay" travel phrasebooks published by T&P Books is designed for people traveling abroad for tourism and business. The phrasebooks contain what matters most - the essentials for basic communication. This is an indispensable set of phrases to "survive" while abroad.

This phrasebook will help you in most cases where you need to ask something, get directions, find out how much something costs, etc. It can also resolve difficult communication situations where gestures just won't help.

This book contains a lot of phrases that have been grouped according to the most relevant topics. The edition also includes a small vocabulary that contains roughly 3,000 of the most frequently used words. Another section of the phrasebook provides a gastronomical dictionary that may help you order food at a restaurant or buy groceries at the store.

Take "Everything Will Be Okay" phrasebook with you on the road and you'll have an irreplaceable traveling companion who will help you find your way out of any situation and teach you to not fear speaking with foreigners.

TABLE OF CONTENTS

T&P Books Publishing

PRONUNCIATION

Letter	Latvian example	T&P phonetic alphabet	English example

Vowels

A a	adata	[ɑ]	shorter than in park, card
Ā ā	ābols	[ɑ:]	father, answer
E e	egle	[e], [æ]	pet, absent
Ē ē	ērglis	[e:], [æ:]	longer than in bell
I i	izcelsme	[i]	shorter than in feet
Ī ī	īpašums	[i:]	feet, meter
O o	okeāns	[o], [o:]	floor, doctor
U u	ubags	[u]	book
Ū ū	ūdens	[u:]	pool, room

Consonants

B b	bads	[b]	baby, book
C c	cālis	[ts]	cats, tsetse fly
Č č	čaumala	[tʃ]	church, French
D d	dambis	[d]	day, doctor
F f	flauta	[f]	face, food
G g	gads	[g]	game, gold
Ģ ģ	ģitāra	[dʲ]	median, radio
H h	haizivs	[h]	home, have
J j	janvāris	[j]	yes, New York
K k	kabata	[k]	clock, kiss
Ķ ķ	ķilava	[tʲ/tʃʲ]	between soft [t] and [k], like tune
L l	labība	[l]	lace, people
Ļ ļ	ļaudis	[ʎ]	daily, million
M m	magone	[m]	magic, milk
N n	nauda	[n]	name, normal
Ņ ņ	ņaudēt	[ɲ]	canyon, new
P p	pakavs	[p]	pencil, private
R r	ragana	[r]	rice, radio

Letter	Latvian example	T&P phonetic alphabet	English example
S s	sadarbība	[s]	city, boss
Š š	šausmas	[ʃ]	machine, shark
T t	tabula	[t]	tourist, trip
V v	vabole	[v]	very, river
Z z	zaglis	[z]	zebra, please
Ž ž	žagata	[ʒ]	forge, pleasure

Comments

* Letters **Qq, Ww, Xx, Yy** used in foreign loanwords only
** Standard Latvian and all of the Latvian dialects have fixed initial stress (with a few minor exceptions).

LIST OF ABBREVIATIONS

English abbreviations

ab.	-	about
adj	-	adjective
adv	-	adverb
anim.	-	animate
as adj	-	attributive noun used as adjective
e.g.	-	for example
etc.	-	et cetera
fam.	-	familiar
fem.	-	feminine
form.	-	formal
inanim.	-	inanimate
masc.	-	masculine
math	-	mathematics
mil.	-	military
n	-	noun
pl	-	plural
pron.	-	pronoun
sb	-	somebody
sing.	-	singular
sth	-	something
v aux	-	auxiliary verb
vi	-	intransitive verb
vi, vt	-	intransitive, transitive verb
vt	-	transitive verb

Latvian abbreviations

s	-	feminine noun
s dsk	-	feminine plural
s, v	-	masculine, feminine
v	-	masculine noun
v dsk	-	masculine plural

LATVIAN
PHRASEBOOK

This section contains
important phrases that may
come in handy in various
real-life situations.
The phrasebook will help
you ask for directions, clarify
a price, buy tickets, and
order food at a restaurant

T&P Books Publishing

PHRASEBOOK
CONTENTS

T&P Books Publishing

The bare minimum

Excuse me, ...	**Atvainojiet, ...** [atvainɔjiɛt, ...]
Hello.	**Sveicināti.** [svɛitsinaːti.]
Thank you.	**Paldies.** [paldiɛs.]
Good bye.	**Uz redzēšanos.** [uz redzeːʃanɔs.]
Yes.	**Jā.** [jaː.]
No.	**Nē.** [neː.]
I don't know.	**Es nezinu.** [es nezinu.]
Where? | Where to? | When?	**Kur? | Uz kurieni? | Kad?** [kur? | uz kuriɛni? | kad?]

I need ...	**Man vajag ...** [man vajag ...]
I want ...	**Es gribu ...** [es gribu ...]
Do you have ...?	**Vai jums ir ...?** [vai jums ir ...?]
Is there a ... here?	**Vai šeit ir ...?** [vai ʃɛit ir ...?]
May I ...?	**Vai drīkstu ...?** [vai driːkstu ...?]
..., please (polite request)	**Lūdzu, ...** [luːdzu, ...]

I'm looking for ...	**Es meklēju ...** [es mekleːju ...]
restroom	**tualeti** [tualeti]
ATM	**bankomātu** [bankɔmaːtu]
pharmacy (drugstore)	**aptieku** [aptiɛku]
hospital	**slimnīcu** [slimniːtsu]
police station	**policījas iecirkni** [pɔlitsiːjas iɛtsirkni]
subway	**metro** [metrɔ]

taxi	**taksometru** [taksɔmetru]
train station	**dzelzceļa staciju** [dzelztsɛļ·a statsiju]

My name is ...	**Mani sauc ...** [mani sauts ...]
What's your name?	**Kā jūs sauc?** [ka: ju:s sauts?]
Could you please help me?	**Lūdzu, palīdziet.** [lu:dzu, pali:dziɛt.]
I've got a problem.	**Man ir problēma.** [man ir prɔblɛ:ma.]
I don't feel well.	**Man ir slikti.** [man ir slikti.]
Call an ambulance!	**Izsauciet ātro palīdzību!** [izsautsiɛt a:trɔ pali:dzi:bu!]
May I make a call?	**Vai drīkstu piezvanīt?** [vai dri:kstu piɛzvani:t?]

I'm sorry.	**Atvainojos.** [atvainɔjɔs.]
You're welcome.	**Lūdzu.** [lu:dzu.]

I, me	**es** [es]
you (inform.)	**tu** [tu]
he	**viņš** [viɲʃ]
she	**viņa** [viɲa]
they (masc.)	**viņi** [viɲi]
they (fem.)	**viņas** [viɲas]
we	**mēs** [me:s]
you (pl)	**jūs** [ju:s]
you (sg, form.)	**Jūs** [ju:s]

ENTRANCE	**IEEJA** [iɛeja]
EXIT	**IZEJA** [izeja]
OUT OF ORDER	**NESTRĀDĀ** [nestra:da:]
CLOSED	**SLĒGTS** [sle:gts]

OPEN   **ATVĒRTS**
                        [atve:rts]
FOR WOMEN   **SIEVIETĒM**
                        [siɛviɛte:m]
FOR MEN   **VĪRIEŠIEM**
                        [vi:riɛʃiɛm]

Questions

Where?	**Kur?** [kur?]
Where to?	**Uz kurieni?** [uz kuriɛni?]
Where from?	**No kurienes?** [nɔ kuriɛnes?]
Why?	**Kāpēc?** [ka:pe:ts?]
For what reason?	**Kādēļ?** [ka:de:lʲ?]
When?	**Kad?** [kad?]

How long?	**Cik ilgi?** [tsik ilgi?]
At what time?	**Cikos?** [tsikɔs?]
How much?	**Cik maksā?** [tsik maksa:?]
Do you have ...?	**Vai jums ir ...?** [vai jums ir ...?]
Where is ...?	**Kur atrodas ...?** [kur atrɔdas ...?]

What time is it?	**Cik pulkstens?** [tsik pulkstens?]
May I make a call?	**Vai drīkstu piezvanīt?** [vai dri:kstu piɛzvani:t?]
Who's there?	**Kas tur ir?** [kas tur ir?]
Can I smoke here?	**Vai te drīkst smēķēt?** [vai te dri:kst smɛ:tʲe:t?]
May I ...?	**Vai drīkstu ...?** [vai dri:kstu ...?]

Needs

I'd like ...	**Es gribētu ...** [es gribɛ:tu ...]
I don't want ...	**Es negribu ...** [es negribu ...]
I'm thirsty.	**Man slāpst.** [man sla:pst.]
I want to sleep.	**Es gribu gulēt.** [es gribu gule:t.]
I want ...	**Es gribu ...** [es gribu ...]
to wash up	**nomazgāties** [nɔmazga:tiɛs]
to brush my teeth	**iztīrīt zobus** [izti:ri:t zɔbus]
to rest a while	**nedaudz atpūsties** [nɛdaudz atpu:stiɛs]
to change my clothes	**pārģērbties** [pa:rdʲe:rbtiɛs]
to go back to the hotel	**atgriezties viesnīcā** [atgriɛzties viɛsni:tsa:]
to buy ...	**nopirkt ...** [nɔpirkt ...]
to go to ...	**doties uz ...** [dɔties uz ...]
to visit ...	**apmeklēt ...** [apmekle:t ...]
to meet with ...	**satikties ar ...** [satikties ar ...]
to make a call	**piezvanīt** [piɛzvani:t]
I'm tired.	**Es esmu noguris /nogurusi/.** [es esmu nɔguris /nɔgurusi/.]
We are tired.	**Mēs esam noguruši /nogurušas/.** [me:s ɛsam nɔguruʃi /nɔguruʃas/.]
I'm cold.	**Man ir auksti.** [man ir auksti.]
I'm hot.	**Man ir karsti.** [man ir karsti.]
I'm OK.	**Man viss kārtībā.** [man vis ka:rti:ba:..]

I need to make a call.	**Man jāpiezvana.** [man jaːpiɛzvana.]
I need to go to the restroom.	**Man vajag uz tualeti.** [man vajag uz tualeti.]
I have to go.	**Man laiks doties.** [man laiks dotiɛs.]
I have to go now.	**Man jāiet.** [man jaːiɛt.]

Asking for directions

Excuse me, ...	**Atvainojiet, ...** [atvainɔjiɛt, ...]
Where is ...?	**Kur atrodas ...?** [kur atrɔdas ...?]
Which way is ...?	**Kurā virzienā ir ...?** [kura: virziɛna: ir ...?]
Could you help me, please?	**Lūdzu, palīdziet.** [lu:dzu, pali:dziɛt.]

I'm looking for ...	**Es meklēju ...** [es mekle:ju ...]
I'm looking for the exit.	**Es meklēju izeju.** [es mekle:ju izeju.]

I'm going to ...	**Es dodos uz ...** [es dɔdɔs uz ...]
Am I going the right way to ...?	**Vai eju pareizā virzienā ...?** [vai eju parɛiza: virziɛna: ...?]

Is it far?	**Vai tas ir tālu?** [vai tas ir ta:lu?]
Can I get there on foot?	**Vai es aiziešu ar kājām?** [vai es aiziɛʃu ar ka:ja:m?]

Can you show me on the map?	**Lūdzu, parādiet to uz kartes?** [lu:dzu, para:diɛt tɔ uz kartes?]
Show me where we are right now.	**Parādiet, kur mēs tagad atrodamies?** [para:diɛt, kur me:s tagad atrɔdamiɛs?]

Here	**Šeit** [ʃɛit]
There	**Tur** [tur]
This way	**Šurp** [ʃurp]

Turn right.	**Griezieties pa labi.** [griɛziɛties pa labi.]
Turn left.	**Griezieties pa kreisi.** [griɛziɛties pa krɛisi.]
first (second, third) turn	**pirmais (otrais, trešais) pagrieziens** [pirmais pagriɛziɛns]

to the right   **pa labi**
                            [pa labi]

to the left   **pa kreisi**
                            [pa krɛisi]

Go straight ahead.   **Ejiet taisni uz priekšu.**
                            [ejiɛt taisni uz priɛkʃu.]

Signs

WELCOME!	**LAIPNI LŪGTI!** [laipni luːgti!]
ENTRANCE	**IEEJA** [iɛeja]
EXIT	**IZEJA** [izeja]

PUSH	**GRŪST** [gruːst]
PULL	**VILKT** [vilkt]
OPEN	**ATVĒRTS** [atveːrts]
CLOSED	**AIZVĒRTS** [sleːgts]

FOR WOMEN	**SIEVIETĒM** [siɛviɛteːm]
FOR MEN	**VĪRIEŠIEM** [viːriɛʃiɛm]
GENTLEMEN, GENTS (m)	**VĪRIEŠU TUALETE** [viːriɛʃu tualɛte]
WOMEN (f)	**SIEVIEŠU TUALETE** [siɛviɛʃu tualɛte]

DISCOUNTS	**ATLAIDES** [atlaides]
SALE	**IZPĀRDOŠANA** [izpaːrdoʃana]
FREE	**BEZ MAKSAS** [bezmaksas]
NEW!	**JAUNUMS!** [jaunums!]
ATTENTION!	**UZMANĪBU!** [uzmaniːbu!]

NO VACANCIES	**BRĪVU VIETU NAV** [briːvu viɛtu nav]
RESERVED	**REZERVĒTS** [rɛzerveːts]
ADMINISTRATION	**ADMINISTRĀCIJA** [administraːtsija]
STAFF ONLY	**TIKAI DARBINIEKIEM** [tikai pɛrsɔnaːlam]

BEWARE OF THE DOG!	**NIKNS SUNS!** [nikns suns]
NO SMOKING!	**SMĒĶĒT AIZLIEGTS!** [smɛːtʲeːt aizliɛgts!]
DO NOT TOUCH!	**AR ROKĀM NEAIZTIKT!** [ar rɔkaːm neaiztikt!]
DANGEROUS	**BĪSTAMI!** [biːstami]
DANGER	**BĪSTAMS!** [biːstams]
HIGH VOLTAGE	**AUGSTSPRIEGUMS!** [augstspriɛgums]
NO SWIMMING!	**PELDĒT AIZLIEGTS!** [peldeːt aizliɛgts!]

OUT OF ORDER	**NESTRĀDĀ** [nestraːdaː]
FLAMMABLE	**UGUNSNEDROŠS** [ugunsnedrɔʃs]
FORBIDDEN	**AIZLIEGTS** [aizliɛgts]
NO TRESPASSING!	**IEBRAUKT AIZLIEGTS!** [iɛiɛja aizliɛgta]
WET PAINT	**SVAIGI KRĀSOTS** [svaigi kraːsɔts]

CLOSED FOR RENOVATIONS	**UZ REMONTA LAIKU SLĒGTS** [uz remɔnta laiku sleːgts]
WORKS AHEAD	**UZ CEĻA STRĀDĀ** [uz tsɛlʲa straːdaː]
DETOUR	**APVEDCEĻŠ** [apvedtselʲʃ]

Transportation. General phrases

plane	**lidmašīna** [lidmaʃi:na]
train	**vilciens** [viltsiɛns]
bus	**autobuss** [autɔbus]
ferry	**prāmis** [pra:mis]
taxi	**taksometrs** [taksɔmetrs]
car	**automašīna** [maʃi:na]
schedule	**saraksts** [saraksts]
Where can I see the schedule?	**Kur var apskatīt sarakstu?** [kur var apskati:t sarakstu?]
workdays (weekdays)	**darba dienas** [darba diɛnas]
weekends	**nedēļas nogales** [nɛdɛ:ļas nɔgales]
holidays	**svētku dienas** [sve:tku diɛnas]
DEPARTURE	**IZLIDOŠANA** [izlidɔʃana]
ARRIVAL	**IELIDOŠANA** [iɛlidɔʃana]
DELAYED	**KAVĒJAS** [kave:jas]
CANCELLED	**ATCELTS** [attselts]
next (train, etc.)	**nākamais** [na:kamais]
first	**pirmais** [pirmais]
last	**pēdējais** [pɛ:de:jais]
When is the next ...?	**Kad būs nākošais ...?** [kad bu:s na:kɔʃais ...?]
When is the first ...?	**Kad pienāk pirmais ...?** [kad piɛna:k pirmais ...?]

When is the last ...?

Kad atiet pēdējais ...?
[kad atiɛt pɛːdeːjais ...?]

transfer (change of trains, etc.)

pārsēšanās
[paːrseːʃanaːs]

to make a transfer

pārsēsties
[paːrseːstiɛs]

Do I need to make a transfer?

Vai man ir jāpārsēžas?
[vai man ir jaːpaːrseːʒas?]

Buying tickets

Where can I buy tickets?	**Kur es varu nopirkt biļetes?** [kur es varu nopirkt biļɛtes?]
ticket	**biļete** [biļɛte]
to buy a ticket	**nopirkt biļeti** [nopirkt biļeti]
ticket price	**biļetes cena** [biļɛtes tsɛna]
Where to?	**Uz kurieni?** [uz kuriɛni?]
To what station?	**Līdz kurai stacijai?** [li:dz kurai statsijai?]
I need ...	**Man vajag ...** [man vajag ...]
one ticket	**vienu biļeti** [viɛnu biļeti]
two tickets	**divas biļetes** [divas biļɛtes]
three tickets	**trīs biļetes** [tri:s biļɛtes]
one-way	**vienā virzienā** [viɛna: virziɛna:]
round-trip	**turp un atpakaļ** [turp un atpakaļ]
first class	**pirmā klase** [pirma: klase]
second class	**otrā klase** [otra: klase]
today	**šodien** [ʃodiɛn]
tomorrow	**rīt** [ri:t]
the day after tomorrow	**parīt** [pari:t]
in the morning	**no rīta** [no ri:ta]
in the afternoon	**pēcpusdienā** [pe:tspusdiɛna:]
in the evening	**vakarā** [vakara:]

aisle seat

ejas sēdvieta
[ejas se:dvieta]

window seat

sēdvieta pie loga
[se:dvieta pie loga]

How much?

Cik maksā?
[tsik maksa:?]

Can I pay by credit card?

Vai varu samkasāt ar karti?
[vai varu samkasa:t ar karti?]

Bus

bus	**autobuss** [autɔbus]
intercity bus	**starppilsētu autobuss** [starppilsɛ:tu autɔbus]
bus stop	**autobusa pietura** [autɔbusa piɛtura]
Where's the nearest bus stop?	**Kur ir tuvākā autobusa pietura?** [kur ir tuva:ka: autɔbusa piɛtura?]

number (bus ~, etc.)	**numurs** [numurs]
Which bus do I take to get to ...?	**Kurš autobus brauc līdz ...?** [kurʃ autɔbus brauts li:dz ...?]
Does this bus go to ...?	**Vai šis autobus brauc līdz ...?** [vai ʃis autɔbus brauts li:dz ...?]
How frequent are the buses?	**Cik bieži kursē autobusi?** [tsik biɛʒi kurse: autɔbusi?]

every 15 minutes	**katras piecpadsmit minūtes** [katras piɛtspadsmit minu:tes]
every half hour	**katru pusstundu** [katru pustundu]
every hour	**katru stundu** [katru stundu]
several times a day	**vairākas reizes dienā** [vaira:kas rɛizes diɛna:]
... times a day	**... reizes dienā** [... rɛizes diɛna:]

schedule	**saraksts** [saraksts]
Where can I see the schedule?	**Kur var apskatīt sarakstu?** [kur var apskati:t sarakstu?]
When is the next bus?	**Kad būs nākošais autobuss?** [kad bu:s na:kɔʃais autɔbus?]
When is the first bus?	**Kad pienāk pirmais autobuss?** [kad piɛna:k pirmais autɔbus?]
When is the last bus?	**Kad atiet pēdējais autobuss?** [kad atiɛt pɛ:de:jais autɔbus?]

stop	**pietura** [piɛtura]
next stop	**nākošā pietura** [na:kama: piɛtura]

last stop (terminus)

gala pietura
[gala pietura]

Stop here, please.

Lūdzu, pieturiet šeit.
[luːdzu, pieturiet ʃeit.]

Excuse me, this is my stop.

Atvainojiet, šī ir mana pietura.
[atvainɔjiet, ʃiː ir mana pietura.]

Train

train	**vilciens** [viltsiɛns]
suburban train	**priekšpilsētas vilciens** [priɛkʃpilsɛ:tas viltsiɛns]
long-distance train	**tālsatiksmes vilciens** [ta:lsatiksmes viltsiɛns]
train station	**dzelzceļa stacija** [dzelztsɛlʲa statsija]
Excuse me, where is the exit to the platform?	**Atvainojiet, kur ir izeja uz peronu?** [atvainɔjiɛt, kur ir izeja uz perɔnu?]

Does this train go to …?	**Vai šis vilciens dodas uz …?** [vai ʃis viltsiɛns dɔdas uz …?]
next train	**nākošais vilciens** [na:kɔʃais viltsiɛns]
When is the next train?	**Kad pienāks nākošais vilciens?** [kad piɛna:ks na:kɔʃais viltsiɛns?]
Where can I see the schedule?	**Kur var apskatīt sarakstu?** [kur var apskati:t sarakstu?]
From which platform?	**No kura perona?** [nɔ kura perɔna?]
When does the train arrive in …?	**Kad vilciens pienāk …?** [kad viltsiɛns piɛna:k …?]

Please help me.	**Lūdzu, palīdziet.** [lu:dzu, pali:dziɛt.]
I'm looking for my seat.	**Es meklēju savu vietu.** [es mekle:ju savu viɛtu.]
We're looking for our seats.	**Mēs meklējam savas vietas.** [me:s mekle:jam savas viɛtas.]
My seat is taken.	**Mana vieta ir aizņemta.** [mana viɛta ir aizɲemta.]
Our seats are taken.	**Mūsu vietas ir aizņemtas.** [mu:su viɛtas ir aizɲemtas.]

I'm sorry but this is my seat.	**Atvainojiet, bet šī ir mana vieta.** [atvainɔjiɛt, bet ʃi: ir mana viɛta.]
Is this seat taken?	**Vai šī vieta ir aizņemta?** [vai ʃi: viɛta ir aizɲemta?]
May I sit here?	**Vai drīkstu šeit apsēsties?** [vai dri:kstu ʃɛit apse:stiɛs?]

On the train. Dialogue (No ticket)

Ticket, please.

Jūsu biļeti, lūdzu.
[ju:su biļ'eti, lu:dzu.]

I don't have a ticket.

Man nav biļetes.
[man nav biļ'ɛtes.]

I lost my ticket.

Es pazaudēju savu biļeti.
[es pazaude:ju savu biļ'eti.]

I forgot my ticket at home.

Es aizmirsu savu biļeti mājās.
[es aizmirsu savu biļ'eti ma:ja:s.]

You can buy a ticket from me.

Jūs varat nopirkt biļeti pie manis.
[ju:s varat nopirkt biļ'eti piɛ manis.]

You will also have to pay a fine.

Jums būs jāsamaksā arī soda nauda.
[jums bu:s ja:samaksa: ari: sɔda nauda.]

Okay.

Labi.
[labi.]

Where are you going?

Uz kurieni jūs brauciet?
[uz kuriɛni ju:s brautsiɛt?]

I'm going to …

Es braucu līdz …
[es brautsu li:dz …]

How much? I don't understand.

Cik? Es nesaprotu.
[tsik? es nɛsaprɔtu.]

Write it down, please.

Lūdzu, uzrakstiet to.
[lu:dzu, uzrakstiɛt tɔ.]

Okay. Can I pay with a credit card?

Labi. Vai es varu samaksāt ar karti?
[labi. vai es varu samaksa:t ar karti?]

Yes, you can.

Jā, variet.
[ja:, variɛt.]

Here's your receipt.

Lūdzu, jūsu kvīts.
[lu:dzu, ju:su kvi:ts.]

Sorry about the fine.

Atvainojiet par naudas sodu.
[atvainɔjiɛt par naudas sɔdu.]

That's okay. It was my fault.

Tas nekas. Tā bija mana vaina.
[tas nɛkas. ta: bija mana vaina.]

Enjoy your trip.

Patīkamu braucienu.
[pati:kamu brautsiɛnu.]

Taxi

taxi	**taksometrs** [taksɔmetrs]
taxi driver	**taksometra vadītājs** [taksɔmetra vadi:ta:js]
to catch a taxi	**noķert taksometru** [nɔtʲert taksɔmetru]
taxi stand	**taksometra pietura** [taksɔmetra piɛtura]
Where can I get a taxi?	**Kur es varu dabūt taksometru?** [kur es varu dabu:t taksɔmetru?]

to call a taxi	**izsaukt taksometru** [izsaukt taksɔmetru]
I need a taxi.	**Man vajag taksometru.** [man vajag taksɔmetru.]
Right now.	**Tieši tagad.** [tiɛʃi tagad.]
What is your address (location)?	**Jūsu adrese?** [ju:su adrɛse?]
My address is ...	**Mana adrese ir ...** [mana adrɛse ir ...]
Your destination?	**Uz kurieni jūs brauksiet?** [uz kuriɛni ju:s brauksiɛt?]

Excuse me, ...	**Atvainojiet, ...** [atvainɔjiɛt, ...]
Are you available?	**Vai jūs esat brīvs?** [vai ju:s ɛsat bri:vs?]
How much is it to get to ...?	**Cik maksā aizbraukt līdz ...?** [tsik maksa: aizbraukt li:dz ...?]
Do you know where it is?	**Vai jūs zināt, kur tas atrodas?** [vai ju:s zina:t, kur tas atrɔdas?]
Airport, please.	**Līdz lidosta, lūdzu.** [li:dz lidɔsta, lu:dzu.]
Stop here, please.	**Apturiet šeit, lūdzu.** [apturiɛt ʃeit, lu:dzu.]
It's not here.	**Tas nav šeit.** [tas nav ʃeit.]
This is the wrong address.	**Šī nav pareizā adrese.** [ʃi: nav parɛiza: adrɛse.]
Turn left.	**Tagad pa kreisi.** [tagad pa krɛisi.]
Turn right.	**Tagad pa labi.** [tagad pa labi.]

How much do I owe you?	**Cik esmu jums parādā?** [tsik esmu jums para:da:?]
I'd like a receipt, please.	**Es vēlētos čeku, lūdzu.** [es vɛ:le:tɔs tʃɛku, lu:dzu.]
Keep the change.	**Paturiet atlikumu.** [paturiɛt atlikumu.]

Would you please wait for me?	**Uzgaidiet, lūdzu.** [uzgaidiɛt, lu:dzu.]
five minutes	**piecas minūtes** [piɛtsas minu:tes]
ten minutes	**desmit minūtes** [desmit minu:tes]
fifteen minutes	**piecpadsmit minūtes** [piɛtspadsmit minu:tes]
twenty minutes	**divdesmit minūtes** [divdesmit minu:tes]
half an hour	**pusstundu** [pustundu]

Hotel

Hello.	**Sveicināti.** [svɛitsinaːti.]
My name is ...	**Mani sauc ...** [mani sauts ...]
I have a reservation.	**Man ir rezervēts numurs.** [man ir rɛzerveːts numurs.]

I need ...	**Man vajag ...** [man vajag ...]
a single room	**vienvietīgu numuru** [viɛnviɛtiːgu numuru]
a double room	**divvietīgu numuru** [divviɛtiːgu numuru]
How much is that?	**Cik tas maksā?** [tsik tas maksaː?]
That's a bit expensive.	**Tas ir nedaudz par dārgu.** [tas ir nɛdaudz par daːrgu.]

Do you have anything else?	**Vai jums ir vēl kaut kas?** [vai jums ir veːl kaut kas?]
I'll take it.	**Es to ņemšu.** [es tɔ ɲemʃu.]
I'll pay in cash.	**Es maksāšu skaidrā naudā.** [es maksaːʃu skaidraː naudaː.]

I've got a problem.	**Man ir problēma.** [man ir prɔblɛːma.]
My ... is broken.	**Mans /mana/ ... ir saplīsis /saplīsusi/.** [mans /mana/ ... ir sapliːsis /sapliːsusi/.]
My ... is out of order.	**Mans /mana/ ... nestrādā.** [mans /mana/ ... nestraːdaː.]
TV	**televīzors** [tɛleviːzɔrs]
air conditioner	**gaisa kondicionieris** [gaisa kɔnditsiɔniɛris]
tap	**krāns** [kraːns]

shower	**duša** [duʃa]
sink	**izlietne** [izliɛtne]
safe	**seifs** [sɛifs]

door lock	**slēdzene** [sleːdzɛne]
electrical outlet	**rozete** [rozɛte]
hairdryer	**fēns** [feːns]

I don't have ...	**Man nav ...** [man nav ...]
water	**ūdens** [uːdens]
light	**gaismas** [gaismas]
electricity	**elektrības** [ɛlektriːbas]

Can you give me ...?	**Vai variet man iedot ...?** [vai variɛt man iɛdot ...?]
a towel	**dvieli** [dviɛli]
a blanket	**segu** [sɛgu]
slippers	**čības** [tʃiː:bas]
a robe	**halātu** [xalaːtu]
shampoo	**šampūnu** [ʃampuːnu]
soap	**ziepes** [ziɛpes]

I'd like to change rooms.	**Es vēlos mainīt numuru.** [es veːlɔs mainiːt numuru.]
I can't find my key.	**Es nevaru atrast savas atslēgas.** [es nɛvaru atrast savas atslɛːgas.]
Could you open my room, please?	**Vai variet atvērt manu numuru, lūdzu.** [vai variɛt atveːrt manu numuru, luːdzu.]
Who's there?	**Kas tur ir?** [kas tur ir?]
Come in!	**Ienāciet!** [iɛnaːtsiɛt!]
Just a minute!	**Vienu minūti!** [viɛnu minuːti!]
Not right now, please.	**Lūdzu, ne tagad.** [luːdzu, ne tagad.]

Come to my room, please.	**Ienāciet pie manis, lūdzu.** [iɛnaːtsiɛt piɛ manis, luːdzu.]
I'd like to order food service.	**Es vēlos pasūtīt ēdienu numurā.** [es veːlɔs pasuːtiːt eːdiɛnu numuraː.]
My room number is ...	**Mans istabas numurs ir ...** [mans istabas numurs ir ...]

I'm leaving ...	**Es aizbraucu ...** [es aizbrautsu ...]
We're leaving ...	**Mēs aizbraucam ...** [me:s aizbrautsam ...]
right now	**tagad** [tagad]
this afternoon	**šo pēcpusdien** [ʃɔ pe:tspusdiɛn]
tonight	**šovakar** [ʃɔvakar]
tomorrow	**rīt** [ri:t]
tomorrow morning	**rīt no rīta** [ri:t nɔ ri:ta]
tomorrow evening	**rītvakar** [ri:tvakar]
the day after tomorrow	**parīt** [pari:t]

I'd like to pay.	**Es vēlos norēķināties.** [es ve:lɔs nɔre:t'ina:tiɛs.]
Everything was wonderful.	**Viss bija lieliski.** [vis bija liɛliski.]
Where can I get a taxi?	**Kur es varu dabūt taksometru?** [kur es varu dabu:t taksɔmetru?]
Would you call a taxi for me, please?	**Lūdzu, izsauciet man man taksometru?** [lu:dzu, izsautsiɛt man man taksɔmetru?]

Restaurant

Can I look at the menu, please?	**Vai varu apskatīt ēdienkarti?** [vai varu apskati:t e:diɛnkarti?]
Table for one.	**Galdiņu vienam.** [galdiɲu viɛnam.]
There are two (three, four) of us.	**Mēs esam divi (trīs, četri)** [me:s ɛsam divi]

Smoking	**Smēķētājiem** [smɛ:tʲɛ:ta:jiɛm]
No smoking	**Nesmēķētājiem** [nesmɛ:tʲɛ:ta:jiɛm]
Excuse me! (addressing a waiter)	**Atvainojiet!** [atvainɔjiɛt!]
menu	**ēdienkarte** [e:diɛnkarte]
wine list	**vīna karte** [vi:na karte]
The menu, please.	**Ēdienkarti, lūdzu.** [e:diɛnkarti, lu:dzu.]

Are you ready to order?	**Vai esat gatavi pasūtīt?** [vai ɛsat gatavi pasu:ti:t?]
What will you have?	**Ko pasūtīsiet?** [kɔ pasu:ti:siɛt?]
I'll have ...	**Man ...** [man ...]

I'm a vegetarian.	**Es esmu veģetārietis /veģetāriete/ ...** [es esmu vɛdʲɛta:riɛtis /vɛdʲɛta:riɛte/ ...]
meat	**gaļa** [galʲa]
fish	**zivs** [zivs]
vegetables	**dārzeņi** [da:rzeɲi]
Do you have vegetarian dishes?	**Vai jums ir veģetārie ēdieni?** [vai jums ir vɛdʲɛta:riɛ e:diɛni?]
I don't eat pork.	**Es neēdu cūkgaļu.** [es neɛ:du tsu:kgalʲu.]
He /she/ doesn't eat meat.	**Viņš /viņa/ neēd gaļu.** [viɲʃ /viɲa/ neɛ:d galʲu.]
I am allergic to ...	**Man ir alerģija pret ...** [man ir alerdʲija pret ...]

Would you please bring me ...   **Vai, atnesīsiet man ..., lūdzu?**
[vai, atnesi:siɛt man ..., lu:dzu?]

salt | pepper | sugar   **sāls | pipari | cukurs**
[sa:ls | pipari | tsukurs]

coffee | tea | dessert   **kafija | tēja | deserts**
[kafija | te:ja | dɛserts]

water | sparkling | plain   **ūdens | gāzēts | negāzēts**
[u:dens | ga:ze:ts | nɛga:ze:ts]

a spoon | fork | knife   **karote | dakša | nazis**
[karɔte | dakʃa | nazis]

a plate | napkin   **šķīvis | salvete**
[ʃc'i:vis | salvɛte]

Enjoy your meal!   **Labu apetīti!**
[labu apeti:ti!]

One more, please.   **Atnesiet vēl, lūdzu.**
[atnesiɛt ve:l, lu:dzu.]

It was very delicious.   **Bija ļoti garšīgi.**
[bija ļoti garʃi:gi.]

check | change | tip   **čeks | atlikums | dzeramnauda**
[re:t'ins | atlikums | dzɛramnauda]

Check, please.
(Could I have the check, please?)   **Rēķinu, lūdzu.**
[re:t'inu, lu:dzu.]

Can I pay by credit card?   **Vai varu samaksāt ar karti?**
[vai varu samaksa:t ar karti?]

I'm sorry, there's a mistake here.   **Atvainojiet, šeit ir kļūda.**
[atvainɔjiɛt, ʃeit ir kl'u:da.]

Shopping

Can I help you?	**Kā es varu jums palīdzēt?** [ka: es varu jums pali:dze:t?]
Do you have ...?	**Vai jums ir ...?** [vai jums ir ...?]
I'm looking for ...	**Es meklēju ...** [es mekle:ju ...]
I need ...	**Man vajag ...** [man vajag ...]

I'm just looking.	**Es tikai skatos.** [es tikai skatɔs.]
We're just looking.	**Mēs tikai skatāmies.** [me:s tikai skata:miɛs.]
I'll come back later.	**Es ienākšu vēlāk.** [es iɛna:kʃu vɛ:la:k.]
We'll come back later.	**Mēs ienāksim vēlāk.** [me:s iɛna:ksim vɛ:la:k.]
discounts | sale	**atlaides | izpārdošana** [atlaides | izpa:rdɔʃana]

Would you please show me ...	**Vai parādīsiet man, lūdzu, ...** [vai para:di:siɛt man, lu:dzu, ...]
Would you please give me ...	**Vai iedosiet man, lūdzu, ...** [vai iɛdɔsiɛt man, lu:dzu, ...]
Can I try it on?	**Vai drīkstu pielaikot?** [vai dri:kstu piɛlaikɔt?]
Excuse me, where's the fitting room?	**Atvainojiet, kur ir pielaikošanas kabīne?** [atvainɔjiɛt, kur ir piɛlaikɔʃanas kabi:ne?]
Which color would you like?	**Kādu krāsu vēlaties?** [ka:du kra:su vɛ:latiɛs?]
size | length	**izmērs | augums** [izmɛ:rs | augums]
How does it fit?	**Vai der?** [vai der?]

How much is it?	**Cik tas maksā?** [tsik tas maksa:?]
That's too expensive.	**Tas ir par dārgu.** [tas ir par da:rgu.]
I'll take it.	**Es to ņemšu.** [es tɔ ɲemʃu.]

Excuse me, where do I pay?

Atvainojiet, kur es varu samaksāt?
[atvainɔjiɛt, kur es varu samaksa:t?]

Will you pay in cash or credit card?

**Vai maksāsiet skaidrā naudā
vai ar karti?**
[vai maksa:siɛt skaidra: nauda:
vai ar karti?]

In cash | with credit card

Skaidrā naudā | ar karti
[skaidra: nauda: | ar karti]

Do you want the receipt?

Vai jums vajag čeku?
[vai jums vajag tʃɛku?]

Yes, please.

Jā, lūdzu.
[ja:, lu:dzu.]

No, it's OK.

Nē, paldies.
[ne:, paldiɛs.]

Thank you. Have a nice day!

Paldies. Visu labu!
[paldiɛs. visu labu!]

In town

Excuse me, please.	**Atvainojiet, lūdzu ...** [atvainɔjiɛt, lu:dzu ...]
I'm looking for ...	**Es meklēju ...** [es meklɛːju ...]

the subway	**metro** [metrɔ]
my hotel	**savu viesnīcu** [savu viɛsni:tsu]
the movie theater	**kinoteātri** [kinɔtea:tri]
a taxi stand	**taksometra pieturu** [taksɔmetra piɛturu]

an ATM	**bankomātu** [bankɔma:tu]
a foreign exchange office	**valūtas maiņas punktu** [valu:tas maiɲas punktu]
an internet café	**interneta kafejnīcu** [intɛrnɛta kafejni:tsu]
... street	**... ielu** [... iɛlu]
this place	**šo vietu** [ʃɔ viɛtu]

Do you know where ... is?	**Vai jūs ziniet, kur atrodas ...?** [vai ju:s ziniɛt, kur atrɔdas ...?]
Which street is this?	**Kā sauc šo ielu?** [ka: sauts ʃɔ iɛlu?]

Show me where we are right now.	**Parādiet, kur mēs tagad atrodamies?** [para:diɛt, kur me:s tagad atrɔdamiɛs?]
Can I get there on foot?	**Vai es aiziešu ar kājām?** [vai es aiziɛʃu ar ka:ja:m?]
Do you have a map of the city?	**Vai jums ir šīs pilsētas karte?** [vai jums ir ʃi:s pilsɛ:tas karte?]

How much is a ticket to get in?	**Cik maksā ieejas biļete?** [tsik maksa: iɛejas biļɛte?]
Can I take pictures here?	**Vai šeit drīkst fotografēt?** [vai ʃɛit dri:kst fɔtɔgrafe:t?]
Are you open?	**Vai esat atvērti?** [vai ɛsat atve:rti?]

When do you open?

Cikos jūs atverieties?
[tsikɔs juːs atveriɛtiɛs?]

When do you close?

Līdz cikiem jūs strādājiet?
[liːdz tsikiɛm juːs straːdaːjiɛt?]

Money

money	**nauda** [nauda]
cash	**skaidra nauda** [skaidra nauda]
paper money	**papīra nauda** [papi:ra nauda]
loose change	**sīknauda** [si:knauda]
check | change | tip	**čeks | atlikums | dzeramnauda** [reːtʲins | atlikums | dzɛramnauda]

credit card	**kredītkarte** [krediːtkarte]
wallet	**maks** [maku]
to buy	**pirkt** [pirkt]
to pay	**maksāt** [maksaːt]
fine	**sods** [sɔds]
free	**bez maksas** [bez maksas]

Where can I buy ...?	**Kur es varu nopirkt ...?** [kur es varu nɔpirkt ...?]
Is the bank open now?	**Vai tagad banka ir atvērta?** [vai tagad banka ir atveːrta?]
When does it open?	**No cikiem tā ir atvērta?** [nɔ tsikiɛm taː ir atveːrta?]
When does it close?	**Līdz cikiem tā strādā?** [liːdz tsikiɛm taː straːdaː?]

How much?	**Cik maksā?** [tsik maksaː?]
How much is this?	**Cik tas maksā?** [tsik tas maksaː?]
That's too expensive.	**Tas ir par dārgu.** [tas ir par daːrgu.]

Excuse me, where do I pay?	**Atvainojiet, kur es varu samaksāt?** [atvainɔjiɛt, kur es varu samaksaːt?]
Check, please.	**Rēķinu, lūdzu.** [reːtʲinu, luːdzu.]

Can I pay by credit card?

Vai varu samaksāt ar karti?
[vai varu samaksa:t ar karti?]

Is there an ATM here?

Vai šeit ir bankomāts?
[vai ʃɛit ir bankɔma:ts?]

I'm looking for an ATM.

Es meklēju bankomātu.
[es mekle:ju bankɔma:tu.]

I'm looking for a foreign exchange office.

Es meklēju valūtas maiņas punktu.
[es mekle:ju valu:tas maiɲas punktu.]

I'd like to change ...

Es vēlos samainīt ...
[es ve:lɔs samaini:t ...]

What is the exchange rate?

Kāds ir valūtas kurss?
[ka:ds ir valu:tas kurs?]

Do you need my passport?

Vai jums vajag manu pasi?
[vai jums vajag manu pasi?]

Time

What time is it?	**Cik pulkstens?** [tsik pulkstens?]
When?	**Kad?** [kad?]
At what time?	**Cikos?** [tsikɔs?]
now | later | after …	**tagad | vēlāk | pēc …** [tagad | vɛːlaːk | peːts …]
one o'clock	**pulkstens viens** [pulkstens viɛns]
one fifteen	**piecpadsmit pāri vieniem** [piɛtspadsmit paːri viɛniɛm]
one thirty	**pusdivi** [pusdivi]
one forty-five	**bez piecpadsmt divi** [bez piɛtspadsmt divi]
one | two | three	**viens | divi | trīs** [viɛns | divi | triːs]
four | five | six	**četri | pieci | seši** [tʃetri | piɛtsi | seʃi]
seven | eight | nine	**septiņi | astoņi | deviņi** [septiɲi | astɔɲi | deviɲi]
ten | eleven | twelve	**desmit | vienpadsmit | divpadsmit** [desmit | viɛnpadsmit | divpadsmit]
in …	**pēc …** [peːts …]
five minutes	**piecām minūtēm** [piɛtsaːm minuːteːm]
ten minutes	**desmit minūtēm** [desmit minuːteːm]
fifteen minutes	**piecpadsmit minūtēm** [piɛtspadsmit minuːteːm]
twenty minutes	**divdesmit minūtēm** [divdesmit minuːteːm]
half an hour	**pusstundas** [pustundas]
an hour	**stundas** [stundas]

in the morning	**no rīta**
	[nɔ riːta]
early in the morning	**agri no rīta**
	[agri nɔ riːta]
this morning	**šorīt**
	[ʃoriːt]
tomorrow morning	**rīt no rīta**
	[riːt nɔ riːta]

in the middle of the day	**pusdienlaikā**
	[pusdiɛnlaika:]
in the afternoon	**pēcpusdienā**
	[peːtspusdiɛna:]
in the evening	**vakarā**
	[vakara:]
tonight	**šovakar**
	[ʃovakar]

at night	**naktī**
	[nakti:]
yesterday	**vakar**
	[vakar]
today	**šodien**
	[ʃodiɛn]
tomorrow	**rīt**
	[riːt]
the day after tomorrow	**parīt**
	[pari:t]

What day is it today?	**Kas šodien par dienu?**
	[kas ʃodiɛn par diɛnu?]
It's ...	**Šodien ir ...**
	[ʃodiɛn ir ...]
Monday	**Pirmdiena**
	[pirmdiɛna]
Tuesday	**Otrdiena**
	[ɔtrdiɛna]
Wednesday	**Trešdiena**
	[treʃdiɛna]

Thursday	**Ceturtdiena**
	[tsɛturtdiɛna]
Friday	**Piektdiena**
	[piɛktdiɛna]
Saturday	**Sestdiena**
	[sestdiɛna]
Sunday	**Svētdiena**
	[sveːtdiɛna]

Greetings. Introductions

Hello. | **Sveicināti.**
[svɛitsinaːti.]

Pleased to meet you. | **Priecājos ar jums iepazīties.**
[prɛtsaːjɔs ar jums iɛpaziːtiɛs.]

Me too. | **Es arī.**
[es ariː.]

I'd like you to meet ... | **Es vēlos jūs iepazīstināt ar ...**
[es veːlɔs juːs iɛpaziːstinaːt ar ...]

Nice to meet you. | **Ļoti patīkami.**
[ʎɔti patiːkami.]

How are you? | **Kā jums klājas?**
[kaː jums klaːjas?]

My name is ... | **Mani sauc ...**
[mani sauts ...]

His name is ... | **Viņu sauc ...**
[viɲu sauts ...]

Her name is ... | **Viņu sauc ...**
[viɲu sauts ...]

What's your name? | **Kā jūs sauc?**
[kaː juːs sauts?]

What's his name? | **Kā viņu sauc?**
[kaː viɲu sauts?]

What's her name? | **Kā viņu sauc?**
[kaː viɲu sauts?]

What's your last name? | **Kāds ir jūsu uzvārds?**
[kaːds ir juːsu uzvaːrds?]

You can call me ... | **Sauciet mani ...**
[sautsiɛt mani ...]

Where are you from? | **No kurienes jūs esat?**
[nɔ kuriɛnes juːs ɛsat?]

I'm from ... | **Esmu no ...**
[ɛsmu nɔ ...]

What do you do for a living? | **Kāda ir jūsu nodarbošanās?**
[kaːda ir juːsu nɔdarbɔʃanaːs?]

Who is this? | **Kas tas /tā/ ir?**
[kas tas /taː/ ir?]

Who is he? | **Kas viņš ir?**
[kas viɲʃ ir?]

Who is she? | **Kas viņa ir?**
[kas viɲa ir?]

Who are they?	**Kas viņi /viņas/ ir?** [kas viņi /viņas/ ir?]
This is ...	**Tas /tā/ ir ...** [tas /ta:/ ir ...]
my friend (masc.)	**mans draugs** [mans draugs]
my friend (fem.)	**mana draudzene** [mana draudzɛne]
my husband	**mans vīrs** [mans vi:rs]
my wife	**mana sieva** [mana siɛva]
my father	**mans tēvs** [mans te:vs]
my mother	**mana māte** [mana ma:te]
my brother	**mans brālis** [mans bra:lis]
my sister	**mana māsa** [mana ma:sa]
my son	**mans dēls** [mans dɛ:ls]
my daughter	**mana meita** [mana mɛita]
This is our son.	**Šis ir mūsu dēls.** [ʃis ir mu:su dɛ:ls.]
This is our daughter.	**Šī ir mūsu meita.** [ʃi: ir mu:su mɛita.]
These are my children.	**Šie ir mani bērni.** [ʃiɛ ir mani be:rni.]
These are our children.	**Šie ir mūsu bērni.** [ʃiɛ ir mu:su be:rni.]

Farewells

Good bye!	**Uz redzēšanos!** [uz redze:ʃanɔs!]
Bye! (inform.)	**Atā!** [ata:!]
See you tomorrow.	**Līdz rītam.** [li:dz ri:tam.]
See you soon.	**Uz tikšanos.** [uz tikʃanɔs.]
See you at seven.	**Tiekamies septiņos.** [tiɛkamies septiɲɔs.]

Have fun!	**Izpriecājaties!** [izpriɛtsa:jatiɛs!]
Talk to you later.	**Parunāsim vēlāk.** [paruna:sim vɛ:la:k.]
Have a nice weekend.	**Lai tev laba nedēļas nogale.** [lai tev laba nɛdɛ:lʲas nɔgale.]
Good night.	**Arlabunakt.** [arlabunakt.]

It's time for me to go.	**Man laiks doties.** [man laiks dɔtiɛs.]
I have to go.	**Man jāiet.** [man ja:iɛt.]
I will be right back.	**Es tūlīt būšu atpakaļ.** [es tu:li:t bu:ʃu atpakalʲ.]

It's late.	**Jau vēls.** [jau vɛ:ls.]
I have to get up early.	**Man agri jāceļas.** [man agri ja:tsɛlʲas.]
I'm leaving tomorrow.	**Es rīt aizbraucu.** [es ri:t aizbrautsu.]
We're leaving tomorrow.	**Mēs rīt aizbraucam.** [me:s ri:t aizbrautsam.]

Have a nice trip!	**Laimīgu ceļojumu!** [laimi:gu tselʲɔjumu!]
It was nice meeting you.	**Bija prieks ar jums iepazīties.** [bija priɛks ar jums iɛpazi:tiɛs.]
It was nice talking to you.	**Bija prieks ar jums sarunāties.** [bija priɛks ar jums saruna:tiɛs.]
Thanks for everything.	**Paldies par visu.** [paldies par visu.]

I had a very good time.	**Es patīkami pavadīju laiku.** [es pati:kami pavadi:ju laiku.]
We had a very good time.	**Mēs patīkami pavadījām laiku.** [me:s pati:kami pavadi:ja:m laiku.]
It was really great.	**Viss bija lieliski.** [vis bija liɛliski.]
I'm going to miss you.	**Man jūs pietrūks.** [man ju:s piɛtru:ks.]
We're going to miss you.	**Mums jūs pietrūks.** [mums ju:s piɛtru:ks.]
Good luck!	**Lai veicas!** [lai vɛitsas!]
Say hi to …	**Pasveiciniet …** [pasvɛitsiniɛt …]

Foreign language

I don't understand.	**Es nesaprotu.** [es nɛsaprɔtu.]
Write it down, please.	**Lūdzu, uzrakstiet to.** [luːdzu, uzrakstiɛt tɔ.]
Do you speak …?	**Vai jūs runājat …?** [vai juːs runaːjat …?]

I speak a little bit of …	**Es nedaudz protu …** [es nɛdaudz prɔtu …]
English	**angļu valodu** [aŋɡlʲu valɔdu]
Turkish	**turku valodu** [turku valɔdu]
Arabic	**arābu valodu** [araːbu valɔdu]
French	**franču valodu** [frantʃu valɔdu]

German	**vācu valodu** [vaːtsu valɔdu]
Italian	**itāļu valodu** [itaːlʲu valɔdu]
Spanish	**spāņu valodu** [spaːɲu valɔdu]
Portuguese	**portugāļu valodu** [pɔrtugaːlʲu valɔdu]
Chinese	**ķīniešu valodu** [tʲiːniɛʃu valɔdu]
Japanese	**japāņu valodu** [japaːɲu valɔdu]

Can you repeat that, please.	**Lūdzu, atkārtojiet.** [luːdzu, atkaːrtɔjiɛt.]
I understand.	**Es saprotu.** [es saprɔtu.]
I don't understand.	**Es nesaprotu.** [es nɛsaprɔtu.]
Please speak more slowly.	**Lūdzu, runājiet lēnāk.** [luːdzu, runaːjiɛt lɛːnaːk.]

Is that correct? (Am I saying it right?)	**Vai pareizi?** [vai parɛizi?]
What is this? (What does this mean?)	**Kas tas ir?** [kas tas ir?]

Apologies

Excuse me, please. **Atvainojiet, lūdzu.**
[atvainojiɛt, lu:dzu.]

I'm sorry. **Man žēl.**
[man ʒe:l.]

I'm really sorry. **Man ļoti žēl.**
[man lʲoti ʒe:l.]

Sorry, it's my fault. **Atvainojiet, tā ir mana vaina.**
[atvainojiɛt, ta: ir mana vaina.]

My mistake. **Mana kļūda.**
[mana klʲu:da.]

May I ...? **Vai drīkstu ...?**
[vai dri:kstu ...?]

Do you mind if I ...? **Vai jums nav nekas pretī, ja es ...?**
[vai jums nav nɛkas preti:, ja es ...?]

It's OK. **Tas nekas.**
[tas nɛkas.]

It's all right. **Viss kārtībā.**
[vis ka:rti:ba:.]

Don't worry about it. **Neuztraucieties.**
[nɛuztrautsiɛtiɛs.]

Agreement

Yes.	**Jā.** [ja:.]
Yes, sure.	**Jā, protams.** [ja:, prɔtams.]
OK (Good!)	**Labi!** [labi!]
Very well.	**Ļoti labi.** [ḽɔti labi.]
Certainly!	**Protams!** [prɔtams!]
I agree.	**Es piekrītu.** [es piɛkri:tu.]
That's correct.	**Taisnība.** [taisni:ba.]
That's right.	**Pareizi.** [parɛizi.]
You're right.	**Jums taisnība.** [jums taisni:ba.]
I don't mind.	**Man nav iebildumu.** [man nav iɛbildumu.]
Absolutely right.	**Pilnīgi pareizi.** [pilni:gi parɛizi.]
It's possible.	**Tas ir iespējams.** [tas ir iɛspe:jams.]
That's a good idea.	**Tā ir laba doma.** [ta: ir laba dɔma.]
I can't say no.	**Es nevaru atteikt.** [es nɛvaru attɛikt.]
I'd be happy to.	**Priecāšos.** [priɛtsa:ʃos.]
With pleasure.	**Ar prieku.** [ar priɛku.]

Refusal. Expressing doubt

No.
Nē.
[ne:.]

Certainly not.
Noteikti, nē.
[nɔtɛikti, ne:.]

I don't agree.
Es nepiekrītu.
[es nepiɛkri:tu.]

I don't think so.
Es tā nedomāju.
[es ta: nedɔma:ju.]

It's not true.
Tā nav taisnība.
[ta: nav taisni:ba.]

You are wrong.
Jums nav taisnība.
[jums nav taisni:ba.]

I think you are wrong.
Es domāju, jums nav taisnība.
[es dɔma:ju, jums nav taisni:ba.]

I'm not sure.
Neesmu drošs.
[neesmu drɔʃs.]

It's impossible.
Tas nav iespējams.
[tas nav iɛspe:jams.]

Nothing of the kind (sort)!
Nekas tamlīdzīgs.
[nɛkas tamli:dzi:gs.]

The exact opposite.
Tieši pretēji.
[tiɛʃi prɛte:ji.]

I'm against it.
Esmu pret.
[ɛsmu pret.]

I don't care.
Man vienalga.
[man viɛnalga.]

I have no idea.
Man nav ne jausmas.
[man nav ne jausmas.]

I doubt it.
Šaubos, ka tas tā ir.
[ʃaubɔs, ka tas ta: ir.]

Sorry, I can't.
Atvainojiet, es nevaru.
[atvainɔjiɛt, es nɛvaru.]

Sorry, I don't want to.
Atvainojiet, es negribu.
[atvainɔjiɛt, es negribu.]

Thank you, but I don't need this.
Paldies, bet man tas nav vajadzīgs.
[paldiɛs, bet man tas nav vajadzi:gs.]

It's getting late.
Jau vēls.
[jau vɛ:ls.]

I have to get up early.

Man agri jāceļas.
[man agri jaːtsɛlʲas.]

I don't feel well.

Man ir slikti.
[man ir slikti.]

Expressing gratitude

Thank you. **Paldies.**
[paldiɛs.]

Thank you very much. **Liels paldies.**
[liɛls paldiɛs.]

I really appreciate it. **Esmu ļoti pateicīgs /pateicīga/.**
[ɛsmu ļoti patɛitsi:gs /patɛitsi:ga/.]

I'm really grateful to you. **Es pateicos jums.**
[es patɛitsɔs jums.]

We are really grateful to you. **Mēs pateicamies jums.**
[me:s patɛitsamies jums.]

Thank you for your time. **Paldies, ka veltījāt laiku.**
[paldiɛs, ka velti:ja:t laiku.]

Thanks for everything. **Paldies par visu.**
[paldies par visu.]

Thank you for … **Paldies par …**
[paldies par …]

your help **palīdzību**
[pali:dzi:bu]

a nice time **labi pavadītu laiku**
[labi pavadi:tu laiku]

a wonderful meal **brīnišķīgu maltīti**
[bri:niʃḱi:gu malti:ti]

a pleasant evening **patīkamu vakaru**
[pati:kamu vakaru]

a wonderful day **lielisku dienu**
[liɛlisku diɛnu]

an amazing journey **pārsteidzošo braucienu**
[pa:rstɛidzɔʃɔ brautsiɛnu]

Don't mention it. **Nav par ko.**
[nav par kɔ.]

You are welcome. **Nav vērts pieminēt.**
[nav ve:rts piɛmine:t.]

Any time. **Jebkurā laikā.**
[jebkura: laika:.]

My pleasure. **Bija prieks palīdzēt.**
[bija priɛks pali:dze:t.]

Forget it. **Aizmirstiet. Viss kārtībā.**
[aizmirstiɛt. vis ka:rti:ba:.]

Don't worry about it. **Neuztraucieties.**
[nɛuztrautsiɛtiɛs.]

Congratulations. Best wishes

Congratulations!
Apsveicu!
[apsvɛitsu!]

Happy birthday!
Daudz laimes dzimšanas dienā!
[daudz laimes dzimʃanas diɛna:!]

Merry Christmas!
Priecīgus Ziemassvētkus!
[priɛtsi:gus ziɛmasve:tkus!]

Happy New Year!
Laimīgu Jauno gadu!
[laimi:gu jaunɔ gadu!]

Happy Easter!
Priecīgas Lieldienas!
[priɛtsi:gas liɛldiɛnas!]

Happy Hanukkah!
Priecīgu Hanuku!
[priɛtsi:gu xanuku!]

I'd like to propose a toast.
Es vēlos teikt tostu.
[es ve:lɔs tɛikt tɔstu.]

Cheers!
Priekā!
[priɛka:!]

Let's drink to ...!
Uz ... veselību!
[uz ... vɛseli:bu!]

To our success!
Par mūsu panākumiem!
[par mu:su pana:kumiɛm!]

To your success!
Par jūsu panākumiem!
[par ju:su pana:kumiɛm!]

Good luck!
Lai veicas!
[lai vɛitsas!]

Have a nice day!
Lai jums jauka diena!
[lai jums jauka diɛna!]

Have a good holiday!
Lai jums labas brīvdienas!
[lai jums labas bri:vdiɛnas!]

Have a safe journey!
Lai jums veiksmīgs ceļojums!
[lai jums vɛiksmi:gs tseloᶁjums!]

I hope you get better soon!
Novēlu jums ātru atveseļošanos!
[nɔve:lu jums a:tru atvɛseloᶁʃanɔs!]

Socializing

Why are you sad?	**Kāpēc jūs esat noskumis /noskumusi/?** [ka:pe:ts ju:s ɛsat nɔskumis /nɔskumusi/?]
Smile! Cheer up!	**Pasmaidiet!** [pasmaidiɛt!]
Are you free tonight?	**Vai esat aizņemts /aizņemta/ šovakar?** [vai ɛsat aizɲemts /aizɲemta/ ʃovakar?]

May I offer you a drink?	**Vai drīkstu jums uzsaukt dzērienu?** [vai dri:kstu jums uzsaukt dze:riɛnu?]
Would you like to dance?	**Vai vēlaties padejot?** [vai vɛ:laties padejɔt?]
Let's go to the movies.	**Varbūt aizejam uz kino?** [varbu:t aizejam uz kinɔ?]

May I invite you to …?	**Vai drīkstu jūs aicināt uz …?** [vai dri:kstu ju:s aitsina:t uz …?]
a restaurant	**restorānu** [restɔra:nu]
the movies	**kino** [kinɔ]
the theater	**teātri** [tea:tri]
go for a walk	**pastaigu** [pastaigu]

At what time?	**Cikos?** [tsikɔs?]
tonight	**šovakar** [ʃovakar]
at six	**sešos** [seʃɔs]
at seven	**septiņos** [septiɲɔs]
at eight	**astošos** [astɔʃɔs]
at nine	**deviņos** [deviɲɔs]

Do you like it here?	**Vai jums te patīk?** [vai jums te pati:k?]
Are you here with someone?	**Vai jūs esat šeit ar kādu?** [vai ju:s ɛsat ʃɛit ar ka:du?]

I'm with my friend.	**Esmu ar draugu /draudzeni/.** [ɛsmu ar draugu /draudzeni/.]
I'm with my friends.	**Esmu ar saviem draugiem.** [ɛsmu ar saviɛm draugiɛm.]
No, I'm alone.	**Nē, esmu viens /viena/.** [ne:, esmu viɛns /viɛna/.]

Do you have a boyfriend?	**Vai jums ir puisis?** [vai jums ir puisis?]
I have a boyfriend.	**Man ir puisis.** [man ir puisis.]
Do you have a girlfriend?	**Vai jums ir meitene?** [vai jums ir mɛitɛne?]
I have a girlfriend.	**Man ir meitene,** [man ir mɛitɛne,]

Can I see you again?	**Vai mēs vēl tiksimies?** [vai me:s ve:l tiksimiɛs?]
Can I call you?	**Vai drīkstu tev piezvanīt?** [vai dri:kstu tev piɛzvani:t?]
Call me. (Give me a call.)	**Piezvani man.** [piɛzvani man.]
What's your number?	**Kāds ir tavs numurs?** [ka:ds ir tavs numurs?]
I miss you.	**Man tevis pietrūkst.** [man tevis piɛtru:kst.]

You have a beautiful name.	**Jums ir skaists vārds.** [jums ir skaists va:rds.]
I love you.	**Es tevi mīlu.** [es tevi mi:lu.]
Will you marry me?	**Vai precēsi mani.** [vai pretse:si mani.]
You're kidding!	**Jūs jokojat?** [ju:s jokɔjat?]
I'm just kidding.	**Es tikai jokoju.** [es tikai jokɔju.]

Are you serious?	**Vai jūs nopietni?** [vai ju:s nɔpiɛtni?]
I'm serious.	**Es runāju nopietni.** [es runa:ju nɔpiɛtni.]
Really?!	**Tiešām?!** [tiɛʃa:m?!]
It's unbelievable!	**Tas ir neticami!** [tas ir netitsami!]
I don't believe you.	**Es jums neticu!** [es jums netitsu!]
I can't.	**Es nevaru.** [es nɛvaru.]
I don't know.	**Es nezinu.** [es nezinu.]

I don't understand you.	**Es jūs nesaprotu.**
	[es juːs nɛsaprotu.]
Please go away.	**Lūdzu, ejiet prom.**
	[luːdzu, ejiɛt prɔm.]
Leave me alone!	**Atstājiet mani vienu!**
	[atstaːjiɛt mani viɛnu!]

I can't stand him.	**Es nevaru viņu ciest.**
	[es nɛvaru viɲu tsiɛst.]
You are disgusting!	**Jūs esat pretīgs!**
	[juːs ɛsat pretiːgs!]
I'll call the police!	**Es izsaukšu policīju!**
	[es izsaukʃu politsiːju!]

Sharing impressions. Emotions

I like it.	**Man patīk.** [man pati:k.]
Very nice.	**Ļoti jauki.** [ʎoti jauki.]
That's great!	**Tas ir lieliski!** [tas ir lieliski!]
It's not bad.	**Tas nav slikti.** [tas nav slikti.]

I don't like it.	**Man nepatīk.** [man nɛpati:k.]
It's not good.	**Tas nav labi.** [tas nav labi.]
It's bad.	**Tas ir slikti.** [tas ir slikti.]
It's very bad.	**Tas ir ļoti slikti.** [tas ir ʎoti slikti.]
It's disgusting.	**Tas ir pretīgi.** [tas ir preti:gi.]

I'm happy.	**Esmu laimīgs /laimīga/.** [ɛsmu laimi:gs /laimi:ga/.]
I'm content.	**Esmu apmierināts /apmierināta/.** [ɛsmu apmiɛrina:ts /apmiɛrina:ta/.]
I'm in love.	**Esmu iemīlējies /iemīlējusies/.** [ɛsmu iɛmi:le:jies /iɛmi:le:jusiɛs/.]
I'm calm.	**Esmu mierīgs /mierīga/.** [ɛsmu miɛri:gs /miɛri:ga/.]
I'm bored.	**Man ir garlaicīgi.** [man ir garlaitsi:gi.]

I'm tired.	**Es esmu noguris /nogurusi/.** [es esmu nɔguris /nɔgurusi/.]
I'm sad.	**Man ir skumji.** [man ir skumji.]
I'm frightened.	**Man ir bail.** [man ir bail.]
I'm angry.	**Esmu dusmīgs /dusmīga/.** [ɛsmu dusmi:gs /dusmi:ga/.]

I'm worried.	**Esmu uztraucies /uztraukusies/.** [ɛsmu uztrautsies /uztraukusiɛs/.]
I'm nervous.	**Esmu nervozs /nervoza/.** [ɛsmu nervɔzs /nervɔza/.]

I'm jealous. (envious)

Es apskaužu.
[es apskauʒu.]

I'm surprised.

Esmu pārsteigts /pārsteigta/.
[ɛsmu paːrstɛigts /paːrstɛigta/.]

I'm perplexed.

Esmu apjucis /apjukusi/.
[ɛsmu apjutsis /apjukusi/.]

Problems. Accidents

I've got a problem.
Man ir problēma.
[man ir problɛ:ma.]

We've got a problem.
Mums ir problēma.
[mums ir problɛ:ma.]

I'm lost.
Esmu apmaldījies /apmaldījusies/.
[ɛsmu apmaldi:jies /apmaldi:jusiɛs/.]

I missed the last bus (train).
Es nokavēju pēdējo autobusu (vilcienu).
[es nɔkave:ju pɛ:de:jɔ autɔbusu.]

I don't have any money left.
Man vairs nav naudas.
[man vairs nav naudas.]

I've lost my ...
Es pazaudēju savu ...
[es pazaude:ju savu ...]

Someone stole my ...
Kāds nozaga manu ...
[ka:ds nɔzaga manu ...]

passport
pasi
[pasi]

wallet
maku
[maku]

papers
dokumentus
[dɔkumentus]

ticket
biļeti
[bilʲeti]

money
naudu
[naudu]

handbag
rokassomiņu
[rɔkasɔmiɲu]

camera
fotoaparātu
[fɔtɔapara:tu]

laptop
klēpjdatoru
[kle:pjdatɔru]

tablet computer
planšetdatoru
[planʃetdatɔru]

mobile phone
mobīlo telefonu
[mɔbi:lɔ tɛlefɔnu]

Help me!
Palīgā!
[pali:ga:!]

What's happened?
Kas noticis?
[kas nɔtitsis?]

fire	**ugunsgrēks** [ugunsgre:ks]
shooting	**apšaude** [ʃauʃana]
murder	**slepkavība** [slepkavi:ba]
explosion	**sprādziens** [spra:dziɛns]
fight	**kautiņš** [kautiɲʃ]

Call the police!	**Izauciet policīju!** [izautsiɛt politsi:ju!]
Please hurry up!	**Lūdzu, pasteidzieties!** [lu:dzu, pastɛidziɛtiɛs!]
I'm looking for the police station.	**Es meklēju policījas iecirkni.** [es mekle:ju politsi:jas iɛtsirkni.]
I need to make a call.	**Man jāpezvana.** [man ja:pezvana.]
May I use your phone?	**Vai drīkstu piezvanīt?** [vai dri:kstu piɛzvani:t?]

I've been …	**Mani …** [mani …]
mugged	**aplaupīja** [aplaupi:ja]
robbed	**apzaga** [apzaga]
raped	**izvaroja** [izvarɔja]
attacked (beaten up)	**piekāva** [piɛka:va]

Are you all right?	**Vai jums viss kārtībā?** [vai jums vis ka:rti:ba:?]
Did you see who it was?	**Vai jūs redzējāt, kurš tas bija?** [vai ju:s redze:ja:t, kurʃ tas bija?]
Would you be able to recognize the person?	**Vai jūs varēsiet viņu atpazīt?** [vai ju:s vare:siɛt viɲu atpazi:t?]
Are you sure?	**Vai esat drošs /droša/?** [vai ɛsat drɔʃs /drɔʃa/?]

Please calm down.	**Lūdzu, nomierinieties.** [lu:dzu, nɔmiɛriniɛtiɛs.]
Take it easy!	**Mierīgāk!** [miɛri:ga:k!]
Don't worry!	**Neuztraucieties!** [nɛuztrautsiɛtiɛs!]
Everything will be fine.	**Viss būs labi.** [vis bu:s labi.]
Everything's all right.	**Viss kārtībā.** [vis ka:rti:ba:.]

Come here, please.   **Nāciet šurp, lūdzu.**
[naːtsiɛt ʃurp, luːdzu.]

I have some questions for you.   **Man jāuzdod jums daži jautājumi.**
[man jaːuzdɔd jums daʒi jautaːjumi.]

Wait a moment, please.   **Uzgaidiet, lūdzu.**
[uzgaidiɛt, luːdzu.]

Do you have any I.D.?   **Vai jums ir dokumenti?**
[vai jums ir dɔkumenti?]

Thanks. You can leave now.   **Paldies. Jūs variet iet.**
[paldiɛs. juːs variɛt iɛt.]

Hands behind your head!   **Rokas aiz galvas!**
[rɔkas aiz galvas!]

You're under arrest!   **Jūs esat arestēts /arestēta/!**
[juːs ɛsat aresteːts /aresteːta/!]

Health problems

Please help me.	**Lūdzu, palīdziet.** [lu:dzu, pali:dziɛt.]
I don't feel well.	**Man ir slikti.** [man ir slikti.]
My husband doesn't feel well.	**Manam vīram ir slikti.** [manam vi:ram ir slikti.]
My son ...	**Manam dēlam ...** [manam dɛ:lam ...]
My father ...	**Manam tēvam ...** [manam tɛ:vam ...]
My wife doesn't feel well.	**Manai sievai ir slikti.** [manai siɛvai ir slikti.]
My daughter ...	**Manai meitai ...** [manai mɛitai ...]
My mother ...	**Manai mātei ...** [manai ma:tɛi ...]
I've got a ...	**Man sāp ...** [man sa:p ...]
headache	**galva** [galva]
sore throat	**kakls** [kakls]
stomach ache	**vēders** [vɛ:dɛrs]
toothache	**zobs** [zɔbs]
I feel dizzy.	**Man reibst galva.** [man rɛibst galva.]
He has a fever.	**Viņam ir drudzis.** [viɲam ir drudzis.]
She has a fever.	**Viņai ir drudzis.** [viɲai ir drudzis.]
I can't breathe.	**Es nevaru paelpot.** [es nɛvaru paelpɔt.]
I'm short of breath.	**Man trūkst elpas.** [man tru:kst elpas.]
I am asthmatic.	**Man ir astma.** [man ir astma.]
I am diabetic.	**Man ir diabēts.** [man ir diabe:ts.]

I can't sleep.	**Man ir bezmiegs.**
	[man ir bezmiɛgs.]
food poisoning	**saindēšanās ar ēdienu**
	[sainde:ʃana:s ar e:diɛnu]

It hurts here.	**Man sāp šeit.**
	[man sa:p ʃɛit.]
Help me!	**Palīgā!**
	[pali:ga:!]
I am here!	**Es esmu šeit!**
	[es esmu ʃɛit!]
We are here!	**Mēs esam šeit!**
	[me:s ɛsam ʃɛit!]
Get me out of here!	**Daboniet mani arā no šejienes!**
	[dabɔniɛt mani ara: nɔ ʃejiɛnes!]
I need a doctor.	**Man vajag ārstu.**
	[man vajag a:rstu.]
I can't move.	**Es nevaru pakustēties.**
	[es nɛvaru pakuste:tiɛs.]
I can't move my legs.	**Es nevaru pakustināt kājas.**
	[es nɛvaru pakustina:t ka:jas.]

I have a wound.	**Es esmu ievainots /ievainota/.**
	[es esmu iɛvainɔts /iɛvainɔta/.]
Is it serious?	**Vai kas nopietns?**
	[vai kas nɔpiɛtns?]
My documents are in my pocket.	**Mani dokumenti ir kabatā.**
	[mani dɔkumenti ir kabata:.]
Calm down!	**Nomierinieties!**
	[nɔmiɛriniɛtiɛs!]
May I use your phone?	**Vai drīkstu piezvanīt?**
	[vai dri:kstu piɛzvani:t?]

Call an ambulance!	**Izsauciet ātro palīdzību!**
	[izsautsiɛt a:trɔ pali:dzi:bu!]
It's urgent!	**Tas ir steidzami!**
	[tas ir stɛidzami!]
It's an emergency!	**Tas ir ļoti steidzami!**
	[tas ir ļɔti stɛidzami!]
Please hurry up!	**Lūdzu, pasteidzieties!**
	[lu:dzu, pastɛidziɛtiɛs!]
Would you please call a doctor?	**Lūdzu, izsauciet ārstu!**
	[lu:dzu, izsautsiɛt a:rstu!]
Where is the hospital?	**Kur ir slimnīca?**
	[kur ir slimni:tsa?]

How are you feeling?	**Kā jūs jūtaties**
	[ka: ju:s ju:tatiɛs]
Are you all right?	**Vai jums viss kārtībā?**
	[vai jums vis ka:rti:ba:?]
What's happened?	**Kas noticis?**
	[kas nɔtitsis?]

I feel better now.

Es jūtos labāk.
[es juːtos labaːk.]

It's OK.

Viss kārtībā.
[vis kaːrtiːbaː.]

It's all right.

Viss ir labi.
[vis ir labi.]

At the pharmacy

pharmacy (drugstore)	**aptieka** [aptiɛka]
24-hour pharmacy	**diennakts aptieka** [diɛnnakts aptiɛka]
Where is the closest pharmacy?	**Kur ir tuvākā aptieka?** [kur ir tuva:ka: aptiɛka?]
Is it open now?	**Vai tagad tā ir atvērta.** [vai tagad ta: ir atve:rta.]
At what time does it open?	**Cikos tā būs atvērta?** [tsikɔs ta: bu:s atve:rta?]
At what time does it close?	**Līdz cikiem tā strādā?** [li:dz tsikiɛm ta: stra:da:?]
Is it far?	**Vai tas ir tālu?** [vai tas ir ta:lu?]
Can I get there on foot?	**Vai es aiziešu ar kājām?** [vai es aiziɛʃu ar ka:ja:m?]
Can you show me on the map?	**Lūdzu, parādiet to uz kartes?** [lu:dzu, para:diɛt tɔ uz kartes?]
Please give me something for ...	**Lūdzu, dodiet man kaut ko pret ...** [lu:dzu, dɔdiɛt man kaut kɔ pret ...]
a headache	**galvassāpēm** [galvasa:pe:m]
a cough	**klepu** [klɛpu]
a cold	**saaukstēšanos** [saaukste:ʃanɔs]
the flu	**gripu** [gripu]
a fever	**drudzi** [drudzi]
a stomach ache	**vēdersāpēm** [vɛ:dɛrsa:pe:m]
nausea	**sliktu dūšu** [sliktu du:ʃu]
diarrhea	**caureju** [tsaureju]
constipation	**aizcietējumu** [aiztsiɛte:jumu]
pain in the back	**muguras sāpēm** [muguras sa:pe:m]

chest pain	**sāpēm krūtīs** [saːpeːm kruːtiːs]
side stitch	**sāpēm sānos** [saːpeːm saːnɔs]
abdominal pain	**vēdera sāpēm** [vɛːdɛra saːpeːm]

pill	**tablete** [tablɛte]
ointment, cream	**ziede, krēms** [ziɛde, kreːms]
syrup	**sīrups** [siːrups]
spray	**aerosols** [aerɔsɔls]
drops	**pilieni** [piliɛni]

You need to go to the hospital.	**Jums jābrauc uz slimnīcu.** [jums jaːbrauts uz slimniːtsu.]
health insurance	**veselības apdrošināšana** [vɛseliːbas apdrɔʃinaːʃana]
prescription	**recepte** [retsepte]
insect repellant	**kukaiņu atbaidīšanas līdzeklis** [kukaiɲu atbaidiːʃanas liːdzeklis]
Band Aid	**plāksteris** [plaːksteris]

The bare minimum

Excuse me, ...	**Atvainojiet, ...** [atvainɔjiɛt, ...]
Hello.	**Sveicināti.** [svɛitsina:ti.]
Thank you.	**Paldies.** [paldiɛs.]
Good bye.	**Uz redzēšanos.** [uz redze:ʃanɔs.]
Yes.	**Jā.** [ja:.]
No.	**Nē.** [ne:.]
I don't know.	**Es nezinu.** [es nezinu.]
Where? | Where to? | When?	**Kur? | Uz kurieni? | Kad?** [kur? | uz kuriɛni? | kad?]

I need ...	**Man vajag ...** [man vajag ...]
I want ...	**Es gribu ...** [es gribu ...]
Do you have ...?	**Vai jums ir ...?** [vai jums ir ...?]
Is there a ... here?	**Vai šeit ir ...?** [vai ʃɛit ir ...?]
May I ...?	**Vai drīkstu ...?** [vai dri:kstu ...?]
..., please (polite request)	**Lūdzu, ...** [lu:dzu, ...]

I'm looking for ...	**Es meklēju ...** [es mekle:ju ...]
restroom	**tualeti** [tualeti]
ATM	**bankomātu** [bankɔma:tu]
pharmacy (drugstore)	**aptieku** [aptiɛku]
hospital	**slimnīcu** [slimni:tsu]
police station	**policijas iecirkni** [pɔlitsi:jas iɛtsirkni]
subway	**metro** [metrɔ]

taxi	**taksometru**
	[taksɔmetru]
train station	**dzelzceļa staciju**
	[dzelztsɛl'a statsiju]

My name is ...	**Mani sauc ...**
	[mani sauts ...]
What's your name?	**Kā jūs sauc?**
	[ka: ju:s sauts?]
Could you please help me?	**Lūdzu, palīdziet.**
	[lu:dzu, pali:dziɛt.]
I've got a problem.	**Man ir problēma.**
	[man ir prɔblɛ:ma.]
I don't feel well.	**Man ir slikti.**
	[man ir slikti.]
Call an ambulance!	**Izsauciet ātro palīdzību!**
	[izsautsiɛt a:trɔ pali:dzi:bu!]
May I make a call?	**Vai drīkstu piezvanīt?**
	[vai dri:kstu piɛzvani:t?]

I'm sorry.	**Atvainojos.**
	[atvainɔjɔs.]
You're welcome.	**Lūdzu.**
	[lu:dzu.]

I, me	**es**
	[es]
you (inform.)	**tu**
	[tu]
he	**viņš**
	[viɲʃ]
she	**viņa**
	[viɲa]
they (masc.)	**viņi**
	[viɲi]
they (fem.)	**viņas**
	[viɲas]
we	**mēs**
	[me:s]
you (pl)	**jūs**
	[ju:s]
you (sg, form.)	**Jūs**
	[ju:s]

ENTRANCE	**IEEJA**
	[iɛeja]
EXIT	**IZEJA**
	[izeja]
OUT OF ORDER	**NESTRĀDĀ**
	[nestra:da:]
CLOSED	**SLĒGTS**
	[sle:gts]

OPEN	**ATVĒRTS** [atve:rts]
FOR WOMEN	**SIEVIETĒM** [siɛviɛte:m]
FOR MEN	**VĪRIEŠIEM** [vi:riɛʃiɛm]

TOPICAL VOCABULARY

This section contains more than 3,000 of the most important words.
The dictionary will provide invaluable assistance while traveling abroad, because frequently individual words are enough for you to be understood.
The dictionary includes a convenient transcription of each foreign word

T&P Books Publishing

VOCABULARY
CONTENTS

T&P Books Publishing

BASIC CONCEPTS

T&P Books Publishing

1. Pronouns

I, me	**es**	[es]
you	**tu**	[tu]
he	**viņš**	[viɲʃ]
she	**viņa**	[viɲa]
it	**tas**	[tas]
we	**mēs**	[me:s]
you (to a group)	**jūs**	[ju:s]
they	**viņi**	[viɲi]

2. Greetings. Salutations

Hello! (fam.)	**Sveiki!**	[svɛiki!]
Hello! (form.)	**Esiet sveicināts!**	[ɛsiɛt svɛitsina:ts!]
Good morning!	**Labrīt!**	[labri:t!]
Good afternoon!	**Labdien!**	[labdiɛn!]
Good evening!	**Labvakar!**	[labvakar!]
to say hello	**sveicināt**	[svɛitsina:t]
Hi! (hello)	**Čau!**	[tʃau!]
greeting (n)	**sveiciens** (v)	[svɛitsiɛns]
to greet (vt)	**pasveicināt**	[pasvɛitsina:t]
How are you?	**Kā iet?**	[ka: iɛt?]
What's new?	**Kas jauns?**	[kas jauns?]
Goodbye! (form.)	**Uz redzēšanos!**	[uz redze:ʃanɔs!]
Bye! (fam.)	**Atā!**	[ata:!]
See you soon!	**Uz tikšanos!**	[uz tikʃanɔs!]
Farewell!	**Ardievu!**	[ardiɛvu!]
to say goodbye	**atvadīties**	[atvadi:tiɛs]
So long!	**Nu tad pagaidām!**	[nu tad pagaida:m!]
Thank you!	**Paldies!**	[paldiɛs!]
Thank you very much!	**Liels paldies!**	[liɛls paldiɛs!]
You're welcome	**Lūdzu**	[lu:dzu]
Don't mention it!	**Nav par ko**	[nav par kɔ]
It was nothing	**Nav par ko**	[nav par kɔ]
Excuse me! (fam.)	**Atvaino!**	[atvainɔ!]
Excuse me! (form.)	**Atvainojiet!**	[atvainɔjiɛt!]
to excuse (forgive)	**piedot**	[piɛdɔt]

to apologize (vi)	atvainoties	[atvainɔtiɛs]
My apologies	Es atvainojos	[es atvainɔjɔs]
I'm sorry!	Piedodiet!	[piɛdɔdiɛt!]
to forgive (vt)	piedot	[piɛdɔt]
It's okay! (that's all right)	Tas nekas	[tas nɛkas]
please (adv)	lūdzu	[lu:dzu]

Don't forget!	Neaizmirstiet!	[neaizmirstiɛt!]
Certainly!	Protams!	[prɔtams!]
Of course not!	Protams, ka nē!	[prɔtams, ka ne:!]
Okay! (I agree)	Piekrītu!	[piɛkri:tu!]
That's enough!	Pietiek!	[piɛtiɛk!]

3. Questions

Who?	Kas?	[kas?]
What?	Kas?	[kas?]
Where? (at, in)	Kur?	[kur?]
Where (to)?	Uz kurieni?	[uz kuriɛni?]
From where?	No kurienes?	[nɔ kuriɛnes?]
When?	Kad?	[kad?]
Why? (What for?)	Kādēļ?	[ka:de:ļ?]
Why? (~ are you crying?)	Kāpēc?	[ka:pe:ts?]

What for?	Kam?	[kam?]
How? (in what way)	Kā?	[ka:?]
What? (What kind of ...?)	Kāds?	[ka:ds?]
Which?	Kurš?	[kurʃ?]

To whom?	Kam?	[kam?]
About whom?	Par kuru?	[par kuru?]
About what?	Par ko?	[par kɔ?]
With whom?	Ar ko?	[ar kɔ?]

How many?	Cik daudz?	[tsik daudz?]
How much?	Cik?	[tsik?]
Whose?	Kura? Kuras? Kuru?	[kura?], [kuras?], [kuru?]

4. Prepositions

with (accompanied by)	ar	[ar]
without	bez	[bez]
to (indicating direction)	uz	[uz]
about (talking ~ ...)	par	[par]
before (in time)	pirms	[pirms]
in front of ...	priekšā	[priɛkʃa:]
under (beneath, below)	zem	[zem]
above (over)	virs	[virs]

on (atop)	**uz**	[uz]
from (off, out of)	**no**	[nɔ]
of (made from)	**no**	[nɔ]
in (e.g., ~ ten minutes)	**pēc**	[pe:ts]
over (across the top of)	**caur**	[tsaur]

5. Function words. Adverbs. Part 1

Where? (at, in)	**Kur?**	[kur?]
here (adv)	**šeit**	[ʃɛit]
there (adv)	**tur**	[tur]
somewhere (to be)	**kaut kur**	[kaut kur]
nowhere (not anywhere)	**nekur**	[nɛkur]
by (near, beside)	**pie ...**	[piɛ ...]
by the window	**pie loga**	[piɛ lɔga]
Where (to)?	**Uz kurieni?**	[uz kuriɛni?]
here (e.g., come ~!)	**šurp**	[ʃurp]
there (e.g., to go ~)	**turp**	[turp]
from here (adv)	**no šejienes**	[nɔ ʃejiɛnes]
from there (adv)	**no turienes**	[nɔ turiɛnes]
close (adv)	**tuvu**	[tuvu]
far (adv)	**tālu**	[ta:lu]
near (e.g., ~ Paris)	**pie**	[piɛ]
nearby (adv)	**blakus**	[blakus]
not far (adv)	**netālu**	[nɛta:lu]
left (adj)	**kreisais**	[krɛisais]
on the left	**pa kreisi**	[pa krɛisi]
to the left	**pa kreisi**	[pa krɛisi]
right (adj)	**labais**	[labais]
on the right	**pa labi**	[pa labi]
to the right	**pa labi**	[pa labi]
in front (adv)	**priekšā**	[priɛkʃa:]
front (as adj)	**priekšējs**	[priɛkʃe:js]
ahead (the kids ran ~)	**uz priekšu**	[uz priɛkʃu]
behind (adv)	**mugurpusē**	[mugurpuse:]
from behind	**no mugurpuses**	[nɔ mugurpuses]
back (towards the rear)	**atpakaļ**	[atpakalʲ]
middle	**vidus** (v)	[vidus]
in the middle	**vidū**	[vidu:]

at the side	sānis	[sa:nis]
everywhere (adv)	visur	[visur]
around (in all directions)	apkārt	[apka:rt]

from inside	no iekšpuses	[nɔ iɛkʃpuses]
somewhere (to go)	kaut kur	[kaut kur]
straight (directly)	taisni	[taisni]
back (e.g., come ~)	atpakaļ	[atpakalʲ]

| from anywhere | no kaut kurienes | [nɔ kaut kuriɛnes] |
| from somewhere | nez no kurienes | [nez nɔ kuriɛnes] |

firstly (adv)	pirmkārt	[pirmka:rt]
secondly (adv)	otrkārt	[ɔtrka:rt]
thirdly (adv)	treškārt	[treʃka:rt]

suddenly (adv)	pēkšņi	[pe:kʃɲi]
at first (in the beginning)	sākumā	[sa:kuma:]
for the first time	pirmo reizi	[pirmɔ rɛizi]
long before ...	ilgu laiku pirms ...	[ilgu laiku pirms ...]
anew (over again)	no jauna	[nɔ jauna]
for good (adv)	uz visiem laikiem	[uz visiɛm laikiɛm]

never (adv)	nekad	[nɛkad]
again (adv)	atkal	[atkal]
now (adv)	tagad	[tagad]
often (adv)	bieži	[biɛʒi]
then (adv)	tad	[tad]
urgently (quickly)	steidzami	[stɛidzami]
usually (adv)	parasti	[parasti]

by the way, ...	starp citu ...	[starp tsitu ...]
possible (that is ~)	iespējams	[iɛspe:jams]
probably (adv)	ticams	[titsams]
maybe (adv)	varbūt	[varbu:t]
besides ...	turklāt, ...	[turkla:t, ...]
that's why ...	tādēļ ...	[ta:de:lʲ ...]
in spite of ...	neskatoties uz ...	[neskatɔties uz ...]
thanks to ...	pateicoties ...	[patɛitsɔties ...]

what (pron.)	kas	[kas]
that (conj.)	kas	[kas]
something	kaut kas	[kaut kas]
anything (something)	kaut kas	[kaut kas]
nothing	nekas	[nɛkas]

who (pron.)	kas	[kas]
someone	kāds	[ka:ds]
somebody	kāds	[ka:ds]

| nobody | neviens | [neviɛns] |
| nowhere (a voyage to ~) | nekur | [nɛkur] |

| nobody's | neviena | [nevisna] |
| somebody's | kāda | [ka:da] |

so (I'm ~ glad)	tā	[ta:]
also (as well)	tāpat	[ta:pat]
too (as well)	arī	[ari:]

6. Function words. Adverbs. Part 2

Why?	Kāpēc?	[ka:pe:ts?]
for some reason	nez kāpēc	[nez ka:pe:ts]
because ...	tāpēc ka ...	[ta:pe:ts ka ...]
for some purpose	nez kādēļ	[nez ka:de:lʲ]

and	un	[un]
or	vai	[vai]
but	bet	[bet]
for (e.g., ~ me)	priekš	[priɛkʃ]

too (~ many people)	pārāk	[pa:ra:k]
only (exclusively)	tikai	[tikai]
exactly (adv)	tieši	[tiɛʃi]
about (more or less)	apmēram	[apmɛ:ram]

approximately (adv)	aptuveni	[aptuveni]
approximate (adj)	aptuvens	[aptuvens]
almost (adv)	gandrīz	[gandri:z]
the rest	pārējais	[pa:re:jais]

the other (second)	cits	[tsits]
other (different)	cits	[tsits]
each (adj)	katrs	[katrs]
any (no matter which)	jebkurš	[jebkurʃ]
many, much (a lot of)	daudz	[daudz]
many people	daudzi	[daudzi]
all (everyone)	visi	[visi]

in return for ...	apmaiņā pret ...	[apmaiɲa: pret ...]
in exchange (adv)	pretī	[preti:]
by hand (made)	ar rokām	[ar rɔka:m]
hardly (negative opinion)	diez vai	[diɛz vai]

probably (adv)	laikam	[laikam]
on purpose (intentionally)	tīšām	[ti:ʃa:m]
by accident (adv)	nejauši	[nejauʃi]

very (adv)	ļoti	[lʲɔti]
for example (adv)	piemēram	[piɛmɛ:ram]
between	starp	[starp]
among	vidū	[vidu:]

so much (such a lot)	**tik daudz**	[tik daudz]
especially (adv)	**īpaši**	[iːpaʃi]

NUMBERS.
MISCELLANEOUS

T&P Books Publishing

0 zero	**nulle**	[nulle]
1 one	**viens**	[viɛns]
2 two	**divi**	[divi]
3 three	**trīs**	[tri:s]
4 four	**četri**	[tʃetri]
5 five	**pieci**	[piɛtsi]
6 six	**seši**	[seʃi]
7 seven	**septiņi**	[septiɲi]
8 eight	**astoņi**	[astɔɲi]
9 nine	**deviņi**	[deviɲi]
10 ten	**desmit**	[desmit]
11 eleven	**vienpadsmit**	[viɛnpadsmit]
12 twelve	**divpadsmit**	[divpadsmit]
13 thirteen	**trīspadsmit**	[tri:spadsmit]
14 fourteen	**četrpadsmit**	[tʃetrpadsmit]
15 fifteen	**piecpadsmit**	[piɛtspadsmit]
16 sixteen	**sešpadsmit**	[seʃpadsmit]
17 seventeen	**septiņpadsmit**	[septiɲpadsmit]
18 eighteen	**astoņpadsmit**	[astɔɲpadsmit]
19 nineteen	**deviņpadsmit**	[deviɲpadsmit]
20 twenty	**divdesmit**	[divdesmit]
21 twenty-one	**divdesmit viens**	[divdesmit viɛns]
22 twenty-two	**divdesmit divi**	[divdesmit divi]
23 twenty-three	**divdesmit trīs**	[divdesmit tri:s]
30 thirty	**trīsdesmit**	[tri:sdesmit]
31 thirty-one	**trīsdesmit viens**	[tri:sdesmit viɛns]
32 thirty-two	**trīsdesmit divi**	[tri:sdesmit divi]
33 thirty-three	**trīsdesmit trīs**	[tri:sdesmit tri:s]
40 forty	**četrdesmit**	[tʃetrdesmit]
41 forty-one	**četrdesmit viens**	[tʃetrdesmit viɛns]
42 forty-two	**četrdesmit divi**	[tʃetrdesmit divi]
43 forty-three	**četrdesmit trīs**	[tʃetrdesmit tri:s]
50 fifty	**piecdesmit**	[piɛtsdesmit]
51 fifty-one	**piecdesmit viens**	[piɛtsdesmit viɛns]
52 fifty-two	**piecdesmit divi**	[piɛtsdesmit divi]
53 fifty-three	**piecdesmit trīs**	[piɛtsdesmit tri:s]
60 sixty	**sešdesmit**	[seʃdesmit]

61 sixty-one	sešdesmit viens	[seʃdesmit viɛns]
62 sixty-two	sešdesmit divi	[seʃdesmit divi]
63 sixty-three	sešdesmit trīs	[seʃdesmit tri:s]

70 seventy	septiņdesmit	[septiɲdesmit]
71 seventy-one	septiņdesmit viens	[septiɲdesmit viɛns]
72 seventy-two	septiņdesmit divi	[septiɲdesmit divi]
73 seventy-three	septiņdesmit trīs	[septiɲdesmit tri:s]

80 eighty	astoņdesmit	[astɔɲdesmit]
81 eighty-one	astoņdesmit viens	[astɔɲdesmit viɛns]
82 eighty-two	astoņdesmit divi	[astɔɲdesmit divi]
83 eighty-three	astoņdesmit trīs	[astɔɲdesmit tri:s]

90 ninety	deviņdesmit	[deviɲdesmit]
91 ninety-one	deviņdesmit viens	[deviɲdesmit viɛns]
92 ninety-two	deviņdesmit divi	[deviɲdesmit divi]
93 ninety-three	deviņdesmit trīs	[deviɲdesmit tri:s]

8. Cardinal numbers. Part 2

100 one hundred	simts	[simts]
200 two hundred	divsimt	[divsimt]
300 three hundred	trīssimt	[tri:simt]
400 four hundred	četrsimt	[tʃetrsimt]
500 five hundred	piecsimt	[piɛtsimt]

600 six hundred	sešsimt	[seʃsimt]
700 seven hundred	septiņsimt	[septiɲsimt]
800 eight hundred	astoņsimt	[astɔɲsimt]
900 nine hundred	deviņsimt	[deviɲsimt]

1000 one thousand	tūkstotis	[tu:kstotis]
2000 two thousand	divi tūkstoši	[divi tu:kstɔʃi]
3000 three thousand	trīs tūkstoši	[tri:s tu:kstɔʃi]
10000 ten thousand	desmit tūkstoši	[desmit tu:kstɔʃi]
one hundred thousand	simt tūkstoši	[simt tu:kstɔʃi]
million	miljons (v)	[miljons]
billion	miljards (v)	[miljards]

9. Ordinal numbers

first (adj)	pirmais	[pirmais]
second (adj)	otrais	[ɔtrais]
third (adj)	trešais	[treʃais]
fourth (adj)	ceturtais	[tsɛturtais]
fifth (adj)	piektais	[piɛktais]
sixth (adj)	sestais	[sestais]

seventh (adj)	septītais	[septi:tais]
eighth (adj)	astotais	[astotais]
ninth (adj)	devītais	[devi:tais]
tenth (adj)	desmitais	[desmitais]

COLOURS. UNITS OF MEASUREMENT

T&P Books Publishing

10. Colors

color	krāsa (s)	[kra:sa]
shade (tint)	nokrāsa (s)	[nɔkra:sa]
hue	tonis (v)	[tɔnis]
rainbow	varavīksne (s)	[varavi:ksne]

white (adj)	balts	[balts]
black (adj)	melns	[melns]
gray (adj)	pelēks	[pɛle:ks]

green (adj)	zaļš	[zalʲʃ]
yellow (adj)	dzeltens	[dzeltens]
red (adj)	sarkans	[sarkans]
blue (adj)	zils	[zils]
light blue (adj)	gaiši zils	[gaiʃi zils]
pink (adj)	rozā	[rɔza:]
orange (adj)	oranžs	[ɔranʒs]
violet (adj)	violets	[viɔlets]
brown (adj)	brūns	[bru:ns]

golden (adj)	zelta	[zelta]
silvery (adj)	sudrabains	[sudrabains]
beige (adj)	bēšs	[be:ʃs]
cream (adj)	krēmkrāsas	[kre:mkra:sas]
turquoise (adj)	zilganzaļš	[zilganzalʲʃ]
cherry red (adj)	ķiršu brīns	[tʲirʃu bri:ns]
lilac (adj)	lillā	[lilla:]
crimson (adj)	aveņkrāsas	[aveŋkra:sas]

light (adj)	gaišs	[gaiʃs]
dark (adj)	tumšs	[tumʃs]
bright, vivid (adj)	spilgts	[spilgts]

colored (pencils)	krāsains	[kra:sains]
color (e.g., ~ film)	krāsains	[kra:sains]
black-and-white (adj)	melnbalts	[melnbalts]
plain (one-colored)	vienkrāsains	[viɛnkra:sains]
multicolored (adj)	daudzkrāsains	[daudzkra:sains]

11. Units of measurement

weight	svars (v)	[svars]
length	garums (v)	[garums]

width	platums (v)	[platums]
height	augstums (v)	[augstums]
depth	dziļums (v)	[dziľums]
volume	apjoms (v)	[apjɔms]
area	laukums (v)	[laukums]

gram	grams (v)	[grams]
milligram	miligrams (v)	[miligrams]
kilogram	kilograms (v)	[kilɔgrams]
ton	tonna (s)	[tɔnna]
pound	mārciņa (s)	[ma:rtsiɲa]
ounce	unce (s)	[untse]

meter	metrs (v)	[metrs]
millimeter	milimetrs (v)	[milimetrs]
centimeter	centimetrs (v)	[tsentimetrs]
kilometer	kilometrs (v)	[kilɔmetrs]
mile	jūdze (s)	[ju:dze]

inch	colla (s)	[tsɔlla]
foot	pēda (s)	[pɛ:da]
yard	jards (v)	[jards]

square meter	kvadrātmetrs (v)	[kvadra:tmetrs]
hectare	hektārs (v)	[xekta:rs]
liter	litrs (v)	[litrs]
degree	grāds (v)	[gra:ds]
volt	volts (v)	[vɔlts]
ampere	ampērs (v)	[ampɛ:rs]
horsepower	zirgspēks (v)	[zirgspe:ks]

quantity	daudzums (v)	[daudzums]
a little bit of …	nedaudz …	[nɛdaudz …]
half	puse (s)	[puse]
dozen	ducis (v)	[dutsis]
piece (item)	gabals (v)	[gabals]

size	izmērs (v)	[izmɛ:rs]
scale (map ~)	mērogs (v)	[me:rɔgs]

minimal (adj)	minimāls	[minima:ls]
the smallest (adj)	vismazākais	[vismaza:kais]
medium (adj)	vidējs	[vide:js]
maximal (adj)	maksimāls	[maksima:ls]
the largest (adj)	vislielākais	[vislɛla:kais]

12. Containers

canning jar (glass ~)	burka (s)	[burka]
can	bundža (s)	[bundʒa]

bucket	**spainis** (v)	[spainis]
barrel	**muca** (s)	[mutsa]
wash basin (e.g., plastic ~)	**bļoda** (s)	[blʲɔda]
tank (100L water ~)	**tvertne** (s)	[tvertne]
hip flask	**blašķe** (s)	[blaʃtʲe]
jerrycan	**kanna** (s)	[kanna]
tank (e.g., tank car)	**cisterna** (s)	[tsisterna]
mug	**krūze** (s)	[kru:ze]
cup (of coffee, etc.)	**tase** (s)	[tase]
saucer	**apakštase** (s)	[apakʃtase]
glass (tumbler)	**glāze** (s)	[gla:ze]
wine glass	**pokāls** (v)	[pɔka:ls]
stock pot (soup pot)	**kastrolis** (v)	[kastrɔlis]
bottle (~ of wine)	**pudele** (s)	[pudɛle]
neck (of the bottle, etc.)	**kakliņš** (v)	[kakliɲʃ]
carafe (decanter)	**karafe** (s)	[karafe]
pitcher	**krūka** (s)	[kru:ka]
vessel (container)	**trauks** (v)	[trauks]
pot (crock, stoneware ~)	**pods** (v)	[pɔds]
vase	**vāze** (s)	[va:ze]
bottle (perfume ~)	**flakons** (v)	[flakɔns]
vial, small bottle	**pudelīte** (s)	[pudeli:te]
tube (of toothpaste)	**tūbiņa** (s)	[tu:biɲa]
sack (bag)	**maiss** (v)	[mais]
bag (paper ~, plastic ~)	**maisiņš** (v)	[maisiɲʃ]
pack (of cigarettes, etc.)	**paciņa** (s)	[patsiɲa]
box (e.g., shoebox)	**kārba** (s)	[ka:rba]
crate	**kastīte** (s)	[kasti:te]
basket	**grozs** (v)	[grɔzs]

MAIN VERBS

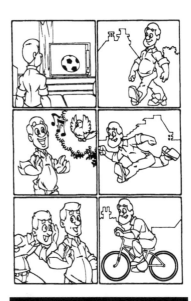

T&P Books Publishing

to advise (vt)	dot padomu	[dɔt padɔmu]
to agree (say yes)	piekrist	[piɛkrist]
to answer (vi, vt)	atbildēt	[atbilde:t]
to apologize (vi)	atvainoties	[atvainɔtiɛs]
to arrive (vi)	atbraukt	[atbraukt]

to ask (~ oneself)	jautāt	[jauta:t]
to ask (~ sb to do sth)	lūgt	[lu:gt]
to be (vi)	būt	[bu:t]

to be afraid	baidīties	[baidi:tiɛs]
to be hungry	gribēt ēst	[gribe:t e:st]
to be interested in ...	interesēties	[intɛrɛse:tiɛs]
to be needed	būt vajadzīgam	[bu:t vajadzi:gam]
to be surprised	brīnīties	[bri:ni:tiɛs]

to be thirsty	gribēt dzert	[gribe:t dzert]
to begin (vt)	sākt	[sa:kt]
to belong to ...	piederēt	[piɛdɛre:t]

| to boast (vi) | lielīties | [liɛli:tiɛs] |
| to break (split into pieces) | lauzt | [lauzt] |

to call (~ for help)	saukt	[saukt]
can (v aux)	spēt	[spe:t]
to catch (vt)	ķert	[tʲert]

| to change (vt) | mainīt | [maini:t] |
| to choose (select) | izvēlēties | [izvɛːle:tiɛs] |

to come down (the stairs)	nokāpt	[nɔka:pt]
to compare (vt)	salīdzināt	[sali:dzina:t]
to complain (vi, vt)	sūdzēties	[su:dze:tiɛs]
to confuse (mix up)	sajaukt	[sajaukt]

| to continue (vt) | turpināt | [turpina:t] |
| to control (vt) | kontrolēt | [kɔntrɔle:t] |

to cook (dinner)	gatavot	[gatavɔt]
to cost (vt)	maksāt	[maksa:t]
to count (add up)	sarēķināt	[sare:tʲina:t]
to count on ...	paļauties uz ...	[palʲauties uz ...]
to create (vt)	izveidot	[izvɛidɔt]
to cry (weep)	raudāt	[rauda:t]

14. The most important verbs. Part 2

to deceive (vi, vt)	krāpt	[kra:pt]
to decorate (tree, street)	izrotāt	[izrɔta:t]
to defend (a country, etc.)	aizstāvēt	[aizsta:ve:t]
to demand (request firmly)	prasīt	[prasi:t]
to dig (vt)	rakt	[rakt]
to discuss (vt)	apspriest	[apspriɛst]
to do (vt)	darīt	[dari:t]
to doubt (have doubts)	šaubīties	[ʃaubi:tiɛs]
to drop (let fall)	nomest	[nɔmest]
to enter	ieiet	[iɛiɛt]
(room, house, etc.)		
to excuse (forgive)	piedot	[piɛdɔt]
to exist (vi)	eksistēt	[eksiste:t]
to expect (foresee)	paredzēt	[paredze:t]
to explain (vt)	paskaidrot	[paskaidrɔt]
to fall (vi)	krist	[krist]
to find (vt)	atrast	[atrast]
to finish (vt)	beigt	[bɛigt]
to fly (vi)	lidot	[lidɔt]
to follow ... (come after)	sekot ...	[sekɔt ...]
to forget (vi, vt)	aizmirst	[aizmirst]
to forgive (vt)	piedot	[piɛdɔt]
to give (vt)	dot	[dɔt]
to give a hint	dot mājienu	[dɔt ma:jiɛnu]
to go (on foot)	iet	[iɛt]
to go for a swim	peldēties	[pelde:tiɛs]
to go out (for dinner, etc.)	iziet	[iziɛt]
to guess (the answer)	uzminēt	[uzmine:t]
to have (vt)	būt	[bu:t]
to have breakfast	brokastot	[brɔkastɔt]
to have dinner	vakariņot	[vakariɲɔt]
to have lunch	pusdienot	[pusdiɛnɔt]
to hear (vt)	dzirdēt	[dzirde:t]
to help (vt)	palīdzēt	[pali:dze:t]
to hide (vt)	slēpt	[sle:pt]
to hope (vi, vt)	cerēt	[tsɛre:t]
to hunt (vi, vt)	medīt	[medi:t]
to hurry (vi)	steigties	[stɛigtiɛs]

15. The most important verbs. Part 3

to inform (vt)	informēt	[infɔrme:t]
to insist (vi, vt)	uzstāt	[uzsta:t]
to insult (vt)	aizvainot	[aizvainɔt]
to invite (vt)	ielūgt	[iɛlu:gt]
to joke (vi)	jokot	[jɔkɔt]
to keep (vt)	uzglabāt	[uzglaba:t]
to keep silent	klusēt	[kluse:t]
to kill (vt)	nogalināt	[nɔgalina:t]
to know (sb)	pazīt	[pazi:t]
to know (sth)	zināt	[zina:t]
to laugh (vi)	smieties	[smiɛtiɛs]
to liberate (city, etc.)	atbrīvot	[atbri:vɔt]
to like (I like ...)	patikt	[patikt]
to look for ... (search)	meklēt ...	[mekle:t ...]
to love (sb)	mīlēt	[mi:le:t]
to make a mistake	kļūdīties	[klʲu:di:tiɛs]
to manage, to run	vadīt	[vadi:t]
to mean (signify)	nozīmēt	[nɔzi:me:t]
to mention (talk about)	pieminēt	[piɛmine:t]
to miss (school, etc.)	kavēt	[kave:t]
to notice (see)	pamanīt	[pamani:t]
to object (vi, vt)	iebilst	[iɛbilst]
to observe (see)	novērot	[nɔve:rɔt]
to open (vt)	atvērt	[atve:rt]
to order (meal, etc.)	pasūtīt	[pasu:ti:t]
to order (mil.)	pavēlēt	[pavɛ:le:t]
to own (possess)	pārvaldīt	[pa:rvaldi:t]
to participate (vi)	piedalīties	[piɛdali:tiɛs]
to pay (vi, vt)	maksāt	[maksa:t]
to permit (vt)	atļaut	[atlʲaut]
to plan (vt)	plānot	[pla:nɔt]
to play (children)	spēlēt	[spɛ:le:t]
to pray (vi, vt)	lūgties	[lu:gtiɛs]
to prefer (vt)	dot priekšroku	[dɔt priɛkʃrɔku]
to promise (vt)	solīt	[sɔli:t]
to pronounce (vt)	izrunāt	[izruna:t]
to propose (vt)	piedāvāt	[piɛda:va:t]
to punish (vt)	sodīt	[sɔdi:t]

16. The most important verbs. Part 4

to read (vi, vt)	lasīt	[lasi:t]
to recommend (vt)	ieteikt	[iɛtɛikt]

to refuse (vi, vt)	**atteikties**	[attɛiktiɛs]
to regret (be sorry)	**nožēlot**	[nɔʒe:lɔt]
to rent (sth from sb)	**īrēt**	[i:re:t]
to repeat (say again)	**atkārtot**	[atka:rtɔt]
to reserve, to book	**rezervēt**	[rɛzerve:t]
to run (vi)	**skriet**	[skriɛt]
to save (rescue)	**glābt**	[gla:bt]
to say (~ thank you)	**teikt**	[tɛikt]
to scold (vt)	**lamāt**	[lama:t]
to see (vt)	**redzēt**	[redze:t]
to sell (vt)	**pārdot**	[pa:rdɔt]
to send (vt)	**sūtīt**	[su:ti:t]
to shoot (vi)	**šaut**	[ʃaut]
to shout (vi)	**kliegt**	[kliɛgt]
to show (vt)	**parādīt**	[para:di:t]
to sign (document)	**parakstīt**	[paraksti:t]
to sit down (vi)	**sēsties**	[se:stiɛs]
to smile (vi)	**smaidīt**	[smaidi:t]
to speak (vi, vt)	**runāt**	[runa:t]
to steal (money, etc.)	**zagt**	[zagt]
to stop (for pause, etc.)	**apstāties**	[apsta:tiɛs]
to stop (please ~ calling me)	**pārtraukt**	[pa:rtraukt]
to study (vt)	**pētīt**	[pe:ti:t]
to swim (vi)	**peldēt**	[pelde:t]
to take (vt)	**ņemt**	[ɲemt]
to think (vi, vt)	**domāt**	[dɔma:t]
to threaten (vt)	**draudēt**	[draude:t]
to touch (with hands)	**pieskarties**	[piɛskartiɛs]
to translate (vt)	**tulkot**	[tulkɔt]
to trust (vt)	**uzticēt**	[uztitse:t]
to try (attempt)	**mēģināt**	[me:dʲina:t]
to turn (e.g., ~ left)	**pagriezties**	[pagriɛztiɛs]
to underestimate (vt)	**par zemu vērtēt**	[par zɛmu ve:rte:t]
to understand (vt)	**saprast**	[saprast]
to unite (vt)	**apvienot**	[apviɛnɔt]
to wait (vt)	**gaidīt**	[gaidi:t]
to want (wish, desire)	**gribēt**	[gribe:t]
to warn (vt)	**brīdināt**	[bri:dina:t]
to work (vi)	**strādāt**	[stra:da:t]
to write (vt)	**rakstīt**	[raksti:t]
to write down	**pierakstīt**	[piɛraksti:t]

TIME. CALENDAR

T&P Books Publishing

17. Weekdays

Monday	**pirmdiena** (s)	[pirmdiɛna]
Tuesday	**otrdiena** (s)	[ɔtrdiɛna]
Wednesday	**trešdiena** (s)	[treʃdiɛna]
Thursday	**ceturtdiena** (s)	[tsɛturtdiɛna]
Friday	**piektdiena** (s)	[piɛktdiɛna]
Saturday	**sestdiena** (s)	[sestdiɛna]
Sunday	**svētdiena** (s)	[sveːtdiɛna]
today (adv)	**šodien**	[ʃɔdiɛn]
tomorrow (adv)	**rīt**	[riːt]
the day after tomorrow	**parīt**	[pariːt]
yesterday (adv)	**vakar**	[vakar]
the day before yesterday	**aizvakar**	[aizvakar]
day	**diena** (s)	[diɛna]
working day	**darba diena** (s)	[darba diɛna]
public holiday	**svētku diena** (s)	[sveːtku diɛna]
day off	**brīvdiena** (s)	[briːvdiɛna]
weekend	**brīvdienas** (s dsk)	[briːvdiɛnas]
all day long	**visa diena**	[visa diɛna]
the next day (adv)	**nākamajā dienā**	[naːkamaja: diɛna:]
two days ago	**pirms divām dienām**	[pirms diva:m diɛna:m]
the day before	**dienu iepriekš**	[diɛnu iɛpriɛkʃ]
daily (adj)	**ikdienas**	[igdiɛnas]
every day (adv)	**katru dienu**	[katru diɛnu]
week	**nedēļa** (s)	[nɛdɛːlʲa]
last week (adv)	**pagājušajā nedēļā**	[paga:juʃaja: nɛdɛːlʲa:]
next week (adv)	**nākamajā nedēļā**	[na:kamaja: nɛdɛːlʲa:]
weekly (adj)	**iknedēļas**	[iknɛdɛːlʲas]
every week (adv)	**katru nedēļu**	[katru nɛdɛːlʲu]
twice a week	**divas reizes nedēļā**	[divas rɛizes nɛdɛːlʲa:]
every Tuesday	**katru otrdienu**	[katru ɔtrdiɛnu]

18. Hours. Day and night

morning	**rīts** (v)	[riːts]
in the morning	**no rīta**	[nɔ riːta]
noon, midday	**pusdiena** (s)	[pusdiɛna]
in the afternoon	**pēcpusdienā**	[peːtspusdiɛna:]

evening	vakars (v)	[vakars]
in the evening	vakarā	[vakara:]
night	nakts (s)	[nakts]
at night	naktī	[nakti:]
midnight	pusnakts (s)	[pusnakts]

second	sekunde (s)	[sɛkunde]
minute	minūte (s)	[minu:te]
hour	stunda (s)	[stunda]
half an hour	pusstunda	[pustunda]
a quarter-hour	stundas ceturksnis (v)	[stundas tsɛturksnis]
fifteen minutes	piecpadsmit minūtes	[piɛtspadsmit minu:tes]
24 hours	diennakts (s)	[diɛnnakts]

sunrise	saullēkts (v)	[saulle:kts]
dawn	rītausma (s)	[ri:tausma]
early morning	agrs rīts (v)	[agrs ri:ts]
sunset	saulriets (v)	[saulriɛts]

early in the morning	agri no rīta	[agri nɔ ri:ta]
this morning	šorīt	[ʃɔri:t]
tomorrow morning	rīt no rīta	[ri:t nɔ ri:ta]

this afternoon	šodien	[ʃɔdiɛn]
in the afternoon	pēcpusdienā	[pe:tspusdiɛna:]
tomorrow afternoon	rīt pēcpusdienā	[ri:t pe:tspusdiɛna:]

| tonight (this evening) | šovakar | [ʃɔvakar] |
| tomorrow night | rītvakar | [ri:tvakar] |

at 3 o'clock sharp	tieši trijos	[tiɛʃi trijɔs]
about 4 o'clock	ap četriem	[ap tʃetriɛm]
by 12 o'clock	ap divpadsmitiem	[ap divpadsmitiɛm]

in 20 minutes	pēc divdesmit minūtēm	[pe:ts divdesmit minu:te:m]
in an hour	pēc stundas	[pe:ts stundas]
on time (adv)	laikā	[laika:]

a quarter of ...	bez ceturkšņa ...	[bez tsɛturkʃɲa ...]
within an hour	stundas laikā	[stundas laika:]
every 15 minutes	katras piecpadsmit minūtes	[katras piɛtspadsmit minu:tes]

| round the clock | caurām dienām | [tsaura:m diɛna:m] |

19. Months. Seasons

January	janvāris (v)	[janva:ris]
February	februāris (v)	[februa:ris]
March	marts (v)	[marts]

April	aprīlis (v)	[apri:lis]
May	maijs (v)	[maijs]
June	jūnijs (v)	[ju:nijs]

July	jūlijs (v)	[ju:lijs]
August	augusts (v)	[augusts]
September	septembris (v)	[septembris]
October	oktobris (v)	[ɔktɔbris]
November	novembris (v)	[nɔvembris]
December	decembris (v)	[detsembris]

spring	pavasaris (v)	[pavasaris]
in spring	pavasarī	[pavasari:]
spring (as adj)	pavasara	[pavasara]

summer	vasara (s)	[vasara]
in summer	vasarā	[vasara:]
summer (as adj)	vasaras	[vasaras]

fall	rudens (v)	[rudens]
in fall	rudenī	[rudeni:]
fall (as adj)	rudens	[rudens]

winter	ziema (s)	[ziɛma]
in winter	ziemā	[ziɛma:]
winter (as adj)	ziemas	[ziɛmas]

month	mēnesis (v)	[mɛ:nesis]
this month	šomēnes	[ʃɔmɛ:nes]
next month	nākamajā mēnesī	[na:kamaja: mɛ:nesi:]
last month	pagājušajā mēnesī	[paga:juʃaja: mɛ:nesi:]

a month ago	pirms mēneša	[pirms mɛ:neʃa]
in a month (a month later)	pēc mēneša	[pe:ts mɛ:neʃa]
in 2 months (2 months later)	pēc diviem mēnešiem	[pe:ts diviɛm mɛ:neʃiɛm]
the whole month	visu mēnesi	[visu mɛ:nesi]
all month long	veselu mēnesi	[vesɛlu mɛ:nesi]

monthly (~ magazine)	ikmēneša	[ikmɛ:neʃa]
monthly (adv)	ik mēnesi	[ik mɛ:nesi]
every month	katru mēnesi	[katru mɛ:nesi]
twice a month	divas reizes mēnesī	[divas rɛizes mɛ:nesi:]

year	gads (v)	[gads]
this year	šogad	[ʃɔgad]
next year	nākamajā gadā	[na:kamaja: gada:]
last year	pagājušajā gadā	[paga:juʃaja: gada:]

a year ago	pirms gada	[pirms gada]
in a year	pēc gada	[pe:ts gada]
in two years	pēc diviem gadiem	[pe:ts diviɛm gadiɛm]

| the whole year | visu gadu | [visu gadu] |
| all year long | veselu gadu | [vesɛlu gadu] |

every year	katru gadu	[katru gadu]
annual (adj)	ikgadējs	[ikgade:js]
annually (adv)	ik gadu	[ik gadu]
4 times a year	četras reizes gadā	[tʃetras rɛizes gada:]

date (e.g., today's ~)	datums (v)	[datums]
date (e.g., ~ of birth)	datums (v)	[datums]
calendar	kalendārs (v)	[kalenda:rs]

half a year	pusgads	[pusgads]
six months	pusgads (v)	[pusgads]
season (summer, etc.)	gadalaiks (v)	[gadalaiks]
century	gadsimts (v)	[gadsimts]

TRAVEL. HOTEL

T&P Books Publishing

20. Trip. Travel

tourism, travel	tūrisms (v)	[tu:risms]
tourist	tūrists (v)	[tu:rists]
trip, voyage	ceļojums (v)	[tseljɔjums]
adventure	piedzīvojums (v)	[piɛdzi:vɔjums]
trip, journey	brauciens (v)	[brautsiɛns]
vacation	atvaļinājums (v)	[atvaljina:jums]
to be on vacation	būt atvaļinājumā	[bu:t atvaljina:juma:]
rest	atpūta (s)	[atpu:ta]
train	vilciens (v)	[viltsiɛns]
by train	ar vilcienu	[ar viltsiɛnu]
airplane	lidmašīna (s)	[lidmaʃi:na]
by airplane	ar lidmašīnu	[ar lidmaʃi:nu]
by car	ar automobili	[ar autɔmɔbili]
by ship	ar kuģi	[ar kudji]
luggage	bagāža (s)	[baga:ʒa]
suitcase	čemodāns (v)	[tʃemɔda:ns]
luggage cart	bagāžas ratiņi (v dsk)	[baga:ʒas ratiɲi]
passport	pase (s)	[pase]
visa	vīza (s)	[vi:za]
ticket	biļete (s)	[biljɛte]
air ticket	aviobiļete (s)	[aviɔbiljɛte]
guidebook	ceļvedis (v)	[tseljvedis]
map (tourist ~)	karte (s)	[karte]
area (rural ~)	apvidus (v)	[apvidus]
place, site	vieta (s)	[viɛta]
exotica (n)	eksotika (s)	[eksɔtika]
exotic (adj)	eksotisks	[eksɔtisks]
amazing (adj)	apbrīnojams	[apbri:nɔjams]
group	grupa (s)	[grupa]
excursion, sightseeing tour	ekskursija (s)	[ekskursija]
guide (person)	gids (v)	[gids]

21. Hotel

hotel, inn	viesnīca (s)	[viɛsni:tsa]
motel	motelis (v)	[mɔtelis]

104

three-star (~ hotel)	trīszvaigžņu	[tri:szvaigʒɲu]
five-star	pieczvaigžņu	[piɛtszvaigʒɲu]
to stay (in a hotel, etc.)	apmesties	[apmestiɛs]

room	numurs (v)	[numurs]
single room	vienvietīgs numurs (v)	[viɛnviɛti:gs numurs]
double room	divvietīgs numurs (v)	[divviɛti:gs numurs]
to book a room	rezervēt numuru	[rɛzerve:t numuru]

| half board | pus pansija (s) | [pus pansija] |
| full board | pilna pansija (s) | [pilna pansija] |

with bath	ar vannu	[ar vannu]
with shower	ar dušu	[ar duʃu]
satellite television	satelīta televīzija (s)	[sateli:ta tɛlevi:zija]
air-conditioner	kondicionētājs (v)	[kɔnditsiɔnɛ:ta:js]
towel	dvielis (v)	[dviɛlis]
key	atslēga (s)	[atslɛ:ga]

administrator	administrators (v)	[administratɔrs]
chambermaid	istabene (s)	[istabɛne]
porter, bellboy	nesējs (v)	[nɛse:js]
doorman	portjē (v)	[pɔrtje:]

restaurant	restorāns (v)	[restɔra:ns]
pub, bar	bārs (v)	[ba:rs]
breakfast	brokastis (s dsk)	[brɔkastis]
dinner	vakariņas (s dsk)	[vakariɲas]
buffet	zviedru galds (v)	[zviɛdru galds]

| lobby | vestibils (v) | [vestibils] |
| elevator | lifts (v) | [lifts] |

| DO NOT DISTURB | NETRAUCĒT | [netrautse:t] |
| NO SMOKING | SMĒĶĒT AIZLIEGTS! | [smɛ:tˈ'e:t aizliɛgts!] |

22. Sightseeing

monument	piemineklis (v)	[piɛmineklis]
fortress	cietoksnis (v)	[tsiɛtɔksnis]
palace	pils (s)	[pils]
castle	pils (s)	[pils]
tower	tornis (v)	[tɔrnis]
mausoleum	mauzolejs (v)	[mauzɔlejs]

architecture	arhitektūra (s)	[arxitektu:ra]
medieval (adj)	viduslaiku	[viduslaiku]
ancient (adj)	senlaiku	[senlaiku]
national (adj)	nacionāls	[natsiɔna:ls]
famous (monument, etc.)	slavens	[slavens]

tourist	**tūrists** (v)	[tu:rists]
guide (person)	**gids** (v)	[gids]
excursion, sightseeing tour	**ekskursija** (s)	[ekskursija]
to show (vt)	**parādīt**	[para:di:t]
to tell (vt)	**stāstīt**	[sta:sti:t]
to find (vt)	**atrast**	[atrast]
to get lost (lose one's way)	**nomaldīties**	[nɔmaldi:tiɛs]
map (e.g., subway ~)	**shēma** (s)	[sxɛ:ma]
map (e.g., city ~)	**plāns** (v)	[pla:ns]
souvenir, gift	**suvenīrs** (v)	[suveni:rs]
gift shop	**suvenīru veikals** (v)	[suveni:ru vɛikals]
to take pictures	**fotografēt**	[fɔtɔgrafe:t]
to have one's picture taken	**fotografēties**	[fɔtɔgrafe:tiɛs]

TRANSPORTATION

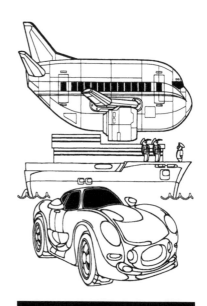

T&P Books Publishing

23. Airport

airport	**lidosta** (s)	[lidɔsta]
airplane	**lidmašīna** (s)	[lidmaʃi:na]
airline	**aviokompānija** (s)	[aviɔkɔmpa:nija]
air traffic controller	**dispečers** (v)	[dispetʃɛrs]
departure	**izlidojums** (v)	[izlidɔjums]
arrival	**atlidošana** (s)	[atlidɔʃana]
to arrive (by plane)	**atlidot**	[atlidɔt]
departure time	**izlidojuma laiks** (v)	[izlidɔjuma laiks]
arrival time	**atlidošanās laiks** (v)	[atlidɔʃana:s laiks]
to be delayed	**kavēties**	[kave:tiɛs]
flight delay	**izlidojuma aizkavēšanās** (s dsk)	[izlidɔjuma aizkave:ʃana:s]
information board	**informācijas tablo** (v)	[infɔrma:tsijas tablɔ]
information	**informācija** (s)	[infɔrma:tsija]
to announce (vt)	**paziņot**	[paziɲɔt]
flight (e.g., next ~)	**reiss** (v)	[rɛis]
customs	**muita** (s)	[muita]
customs officer	**muitas ierēdnis** (v)	[muitas iɛre:dnis]
customs declaration	**muitas deklerācija** (s)	[muitas deklɛra:tsija]
to fill out (vt)	**aizpildīt**	[aizpildi:t]
to fill out the declaration	**aizpildīt deklarāciju**	[aizpildi:t deklara:tsiju]
passport control	**pasu kontrole** (s)	[pasu kontrɔle]
luggage	**bagāža** (s)	[baga:ʒa]
hand luggage	**rokas bagāža** (s)	[rɔkas baga:ʒa]
luggage cart	**bagāžas ratiņi** (v dsk)	[baga:ʒas ratiɲi]
landing	**nolaišanās** (s dsk)	[nɔlaiʃana:s]
landing strip	**nosēšanās josla** (s)	[nɔse:ʃana:s jɔsla]
to land (vi)	**nosēsties**	[nɔse:stiɛs]
airstairs	**traps** (v)	[traps]
check-in	**reģistrācija** (s)	[redʲistra:tsija]
check-in counter	**reģistrācijas galdiņš** (v)	[redʲistra:tsijas galdiɲʃ]
to check-in (vi)	**piereģistrēties**	[piɛredʲistre:tiɛs]
boarding pass	**iekāpšanas talons** (v)	[iɛka:pʃanas talɔns]
departure gate	**izeja** (s)	[izeja]
transit	**tranzīts** (v)	[tranzi:ts]

to wait (vt)	gaidīt	[gaidi:t]
departure lounge	uzgaidāmā telpa (s)	[uzgaida:ma: telpa]
to see off	aizvadīt	[aizvadi:t]
to say goodbye	atvadīties	[atvadi:tɛs]

24. Airplane

airplane	lidmašīna (s)	[lidmaʃi:na]
air ticket	aviobiļete (s)	[aviobilʲɛte]
airline	aviokompānija (s)	[aviokɔmpa:nija]
airport	lidosta (s)	[lidɔsta]
supersonic (adj)	virsskaņas	[virskaɲas]

captain	kuģa komandieris (v)	[kudʲa kɔmandiɛris]
crew	apkalpe (s)	[apkalpe]
pilot	pilots (v)	[pilots]
flight attendant (fem.)	stjuarte (s)	[stjuarte]
navigator	stūrmanis (v)	[stu:rmanis]

wings	spārni (v dsk)	[spa:rni]
tail	aste (s)	[aste]
cockpit	kabīne (s)	[kabi:ne]
engine	dzinējs (v)	[dzine:js]
undercarriage (landing gear)	šasija (s)	[ʃasija]
turbine	turbīna (s)	[turbi:na]

propeller	propelleris (v)	[prɔpelleris]
black box	melnā kaste (s)	[melna: kaste]
yoke (control column)	stūres rats (v)	[stu:res rats]
fuel	degviela (s)	[degviɛla]

safety card	instrukcija (s)	[instruktsija]
oxygen mask	skābekļa maska (s)	[ska:beklʲa maska]
uniform	uniforma (s)	[unifɔrma]
life vest	glābšanas veste (s)	[gla:bʃanas veste]
parachute	izpletnis (v)	[izpletnis]

takeoff	pacelšanās (s dsk)	[patselʃana:s]
to take off (vi)	pacelties	[patseltiɛs]
runway	skrejceļš (v)	[skrejtselʲʃ]

visibility	redzamība (s)	[redzami:ba]
flight (act of flying)	lidojums (v)	[lidɔjums]
altitude	augstums (v)	[augstums]
air pocket	gaisa bedre (s)	[gaisa bedre]

seat	sēdeklis (v)	[sɛ:deklis]
headphones	austiņas (s dsk)	[austiɲas]
folding tray (tray table)	galdiņš (v)	[galdiɲʃ]

airplane window	iluminators (v)	[iluminatɔrs]
aisle	eja (s)	[eja]

25. Train

train	vilciens (v)	[viltsiɛns]
commuter train	elektrovilciens (v)	[ɛlektrɔviltsiɛns]
express train	ātrvilciens (v)	[aːtrviltsiɛns]
diesel locomotive	dīzeļlokomotīve (s)	[diːzelʲlɔkɔmɔtiːve]
steam locomotive	lokomotīve (s)	[lɔkɔmɔtiːve]

passenger car	vagons (v)	[vagɔns]
dining car	restorānvagons (v)	[restɔraːnvagɔns]

rails	sliedes (s dsk)	[sliɛdes]
railroad	dzelzceļš (v)	[dzelztselʲʃ]
railway tie	gulsnis (v)	[gulsnis]

platform (railway ~)	platforma (s)	[platfɔrma]
track (~ 1, 2, etc.)	ceļš (v)	[tselʲʃ]
semaphore	semafors (v)	[sɛmafɔrs]
station	stacija (s)	[statsija]

engineer (train driver)	mašīnists (v)	[maʃiːnists]
porter (of luggage)	nesējs (v)	[nɛseːjs]
car attendant	pavadonis (v)	[pavadɔnis]
passenger	pasažieris (v)	[pasaʒiɛris]
conductor (ticket inspector)	kontrolieris (v)	[kɔntrɔliɛris]

corridor (in train)	koridors (v)	[kɔridɔrs]
emergency brake	stop-krāns (v)	[stɔp-kraːns]

compartment	kupeja (s)	[kupeja]
berth	plaukts (v)	[plaukts]
upper berth	augšējais plaukts (v)	[augʃeːjais plaukts]
lower berth	apakšējais plaukts (v)	[apakʃeːjais plaukts]
bed linen, bedding	gultas veļa (s)	[gultas vɛlʲa]

ticket	biļete (s)	[bilʲɛte]
schedule	saraksts (v)	[saraksts]
information display	tablo (v)	[tablɔ]

to leave, to depart	atiet	[atiɛt]
departure (of train)	atiešana (s)	[atiɛʃana]
to arrive (ab. train)	ierasties	[iɛrastiɛs]
arrival	pienākšana (s)	[piɛnaːkʃana]

to arrive by train	atbraukt ar vilcienu	[atbraukt ar viltsiɛnu]
to get on the train	iekāpt vilcienā	[iɛkaːpt viltsiɛnaː]

to get off the train	izkāpt no vilciena	[izka:pt nɔ viltsiɛna]
train wreck	katastrofa (s)	[katastrɔfa]
to derail (vi)	noskriet no sliedēm	[nɔskriɛt nɔ sliɛde:m]

steam locomotive	lokomotīve (s)	[lɔkɔmɔti:ve]
stoker, fireman	kurinātājs (v)	[kurina:ta:js]
firebox	kurtuve (s)	[kurtuve]
coal	ogles (s dsk)	[ɔgles]

26. Ship

| ship | kuģis (v) | [kudʲis] |
| vessel | kuģis (v) | [kudʲis] |

steamship	tvaikonis (v)	[tvaikɔnis]
riverboat	motorkuģis (v)	[mɔtɔrkudʲis]
cruise ship	laineris (v)	[laineris]
cruiser	kreiseris (v)	[krɛiseris]

yacht	jahta (s)	[jaxta]
tugboat	velkonis (v)	[velkɔnis]
barge	barža (s)	[barʒa]
ferry	prāmis (v)	[pra:mis]

| sailing ship | burinieks (v) | [buriniɛks] |
| brigantine | brigantīna (s) | [briganti:na] |

| ice breaker | ledlauzis (v) | [ledlauzis] |
| submarine | zemūdene (s) | [zɛmu:dɛne] |

boat (flat-bottomed ~)	laiva (s)	[laiva]
dinghy	laiva (s)	[laiva]
lifeboat	glābšanas laiva (s)	[gla:bʃanas laiva]
motorboat	kuteris (v)	[kuteris]

captain	kapteinis (v)	[kaptɛinis]
seaman	matrozis (v)	[matrɔzis]
sailor	jūrnieks (v)	[ju:rniɛks]
crew	apkalpe (s)	[apkalpe]

boatswain	bocmanis (v)	[bɔtsmanis]
ship's boy	junga (v)	[juŋga]
cook	kuģa pavārs (v)	[kudʲa pava:rs]
ship's doctor	kuģa ārsts (v)	[kudʲa a:rsts]

deck	klājs (v)	[kla:js]
mast	masts (v)	[masts]
sail	bura (s)	[bura]
hold	tilpne (s)	[tilpne]
bow (prow)	priekšgals (v)	[priɛkʃgals]

stern	pakaļgals (v)	[pakalʲgals]
oar	airis (v)	[airis]
screw propeller	dzenskrūve (s)	[dzenskru:ve]

cabin	kajīte (s)	[kaji:te]
wardroom	kopkajīte (s)	[kɔpkaji:te]
engine room	mašīnu nodaļa (s)	[maʃi:nu nɔdalʲa]
bridge	komandtiltiņš (v)	[kɔmandtiltiɲʃ]
radio room	radio telpa (s)	[radiɔ telpa]
wave (radio)	vilnis (v)	[vilnis]
logbook	kuģa žurnāls (v)	[kudʲa ʒurna:ls]

spyglass	tālskatis (v)	[ta:lskatis]
bell	zvans (v)	[zvans]
flag	karogs (v)	[karɔgs]

| hawser (mooring ~) | tauva (s) | [tauva] |
| knot (bowline, etc.) | mezgls (v) | [mezgls] |

| deckrails | rokturis (v) | [rɔkturis] |
| gangway | traps (v) | [traps] |

anchor	enkurs (v)	[enkurs]
to weigh anchor	pacelt enkuru	[patselt enkuru]
to drop anchor	izmest enkuru	[izmest enkuru]
anchor chain	enkurķēde (s)	[enkurtʲɛ:de]

port (harbor)	osta (s)	[ɔsta]
quay, wharf	piestātne (s)	[piɛsta:tne]
to berth (moor)	pietauvot	[piɛtauvɔt]
to cast off	atiet no krasta	[atiɛt nɔ krasta]

trip, voyage	ceļojums (v)	[tselʲɔjums]
cruise (sea trip)	kruīzs (v)	[krui:zs]
course (route)	kurss (v)	[kurs]
route (itinerary)	maršruts (v)	[marʃruts]

| fairway | kuģu ceļš (v) | [kudʲu tselʲʃ] |
| (safe water channel) | | |

| shallows | sēklis (v) | [se:klis] |
| to run aground | uzsēsties uz sēkļa | [uzse:sties uz se:klʲa] |

storm	vētra (s)	[ve:tra]
signal	signāls (v)	[signa:ls]
to sink (vi)	grimt	[grimt]
Man overboard!	Cilvēks aiz borta!	[tsilve:ks aiz bɔrta!]
SOS (distress signal)	SOS	[sɔs]
ring buoy	glābšanas riņķis (v)	[gla:bʃanas riɲtʲis]

CITY

T&P Books Publishing

27. Urban transportation

bus	autobuss (v)	[autɔbus]
streetcar	tramvajs (v)	[tramvajs]
trolley bus	trolejbuss (v)	[trɔlejbus]
route (of bus, etc.)	maršruts (v)	[marʃruts]
number (e.g., bus ~)	numurs (v)	[numurs]

to go by ...	braukt ar ...	[braukt ar ...]
to get on (~ the bus)	iekāpt	[iɛka:pt]
to get off ...	izkāpt	[izka:pt]

stop (e.g., bus ~)	pietura (s)	[piɛtura]
next stop	nākamā pietura (s)	[na:kama: piɛtura]
terminus	galapunkts (v)	[galapunkts]
schedule	saraksts (v)	[saraksts]
to wait (vt)	gaidīt	[gaidi:t]

| ticket | biļete (s) | [bilʲɛte] |
| fare | biļetes maksa (s) | [bilʲɛtes maksa] |

cashier (ticket seller)	kasieris (v)	[kasiɛris]
ticket inspection	kontrole (s)	[kɔntrɔle]
ticket inspector	kontrolieris (v)	[kɔntrɔliɛris]

to be late (for ...)	nokavēties	[nɔkave:tiɛs]
to miss (~ the train, etc.)	nokavēt ...	[nɔkave:t ...]
to be in a hurry	steigties	[stɛigtiɛs]

taxi, cab	taksometrs (v)	[taksɔmetrs]
taxi driver	taksists (v)	[taksists]
by taxi	ar taksometru	[ar taksɔmetru]
taxi stand	taksometru stāvvieta (s)	[taksɔmetru sta:vviɛta]
to call a taxi	izsaukt taksometru	[izsaukt taksɔmetru]
to take a taxi	nolīgt taksometru	[nɔli:gt taksɔmetru]

traffic	satiksme (s)	[satiksme]
traffic jam	sastrēgums (v)	[sastrɛ:gums]
rush hour	maksimālās slodzes laiks (v)	[maksima:la:s slɔdzes laiks]
to park (vi)	novietot auto	[nɔviɛtot autɔ]
to park (vt)	novietot auto	[nɔviɛtot autɔ]
parking lot	autostāvvieta (s)	[autɔsta:vviɛta]

| subway | metro (v) | [metrɔ] |
| station | stacija (s) | [statsija] |

114

to take the subway	braukt ar metro	[braukt ar metrɔ]
train	vilciens (v)	[viltsiɛns]
train station	dzelzceļa stacija (s)	[dzelztsɛlʲa statsija]

28. City. Life in the city

city, town	pilsēta (s)	[pilsɛ:ta]
capital city	galvaspilsēta (s)	[galvaspilsɛ:ta]
village	ciems (v)	[tsiɛms]

city map	pilsētas plāns (v)	[pilsɛ:tas pla:ns]
downtown	pilsētas centrs (v)	[pilsɛ:tas tsentrs]
suburb	piepilsēta (s)	[piɛpilsɛ:ta]
suburban (adj)	piepilsētas	[piɛpilsɛ:tas]

outskirts	nomale (s)	[nɔmale]
environs (suburbs)	apkārtnes (s dsk)	[apka:rtnes]
city block	kvartāls (v)	[kvarta:ls]
residential block (area)	dzīvojamais kvartāls (v)	[dzi:vɔjamais kvarta:ls]

traffic	satiksme (s)	[satiksme]
traffic lights	luksofors (v)	[luksɔfors]
public transportation	sabiedriskais transports (v)	[sabiɛdriskais transpɔrts]
intersection	krustojums (v)	[krustɔjums]

crosswalk	gājēju pāreja (s)	[ga:je:ju pa:reja]
pedestrian underpass	pazemes pāreja (s)	[pazɛmes pa:reja]
to cross (~ the street)	pāriet	[pa:riɛt]
pedestrian	kājāmgājējs (v)	[ka:ja:mga:je:js]
sidewalk	trotuārs (v)	[trɔtua:rs]

bridge	tilts (v)	[tilts]
embankment (river walk)	krastmala (s)	[krastmala]
fountain	strūklaka (s)	[stru:klaka]

allée (garden walkway)	gatve (s)	[gatve]
park	parks (v)	[parks]
boulevard	bulvāris (v)	[bulva:ris]
square	laukums (v)	[laukums]
avenue (wide street)	prospekts (v)	[prɔspekts]
street	iela (s)	[iɛla]
side street	šķērsiela (s)	[ʃtʲɛ:rsiɛla]
dead end	strupceļš (v)	[struptselʲʃ]

house	māja (s)	[ma:ja]
building	ēka (s)	[ɛ:ka]
skyscraper	augstceltne (s)	[augsttseltne]
facade	fasāde (s)	[fasa:de]
roof	jumts (v)	[jumts]

window	logs (v)	[lɔgs]
arch	loks (v)	[lɔks]
column	kolona (s)	[kolɔna]
corner	stūris (v)	[stu:ris]

store window	skatlogs (v)	[skatlɔgs]
signboard (store sign, etc.)	izkārtne (s)	[izka:rtne]
poster	afiša (s)	[afiʃa]
advertising poster	reklāmu plakāts (v)	[rekla:mu plaka:ts]
billboard	reklāmu dēlis (v)	[rekla:mu de:lis]

garbage, trash	atkritumi (v dsk)	[atkritumi]
trashcan (public ~)	atkritumu tvertne (s)	[atkritumu tvertne]
to litter (vi)	piegružot	[piɛgruʒɔt]
garbage dump	izgāztuve (s)	[izga:ztuve]

phone booth	telefona būda (s)	[tɛlefona bu:da]
lamppost	laterna (s)	[laterna]
bench (park ~)	sols (v)	[sɔls]

police officer	policists (v)	[pɔlitsists]
police	policija (s)	[pɔlitsija]
beggar	nabags (v)	[nabags]
homeless (n)	bezpajumtnieks (v)	[bezpajumtniɛks]

29. Urban institutions

store	veikals (v)	[vɛikals]
drugstore, pharmacy	aptieka (s)	[aptiɛka]
eyeglass store	optika (s)	[ɔptika]
shopping mall	tirdzniecības centrs (v)	[tirdzniɛtsi:bas tsentrs]
supermarket	lielveikals (v)	[liɛlvɛikals]

bakery	maiznīca (s)	[maizni:tsa]
baker	maiznieks (v)	[maizniɛks]
pastry shop	konditoreja (s)	[kɔnditoreja]
grocery store	pārtikas preču veikals (v)	[pa:rtikas pretʃu vɛikals]
butcher shop	gaļas veikals (v)	[galʲas vɛikals]

| produce store | sakņu veikals (v) | [sakɲu vɛikals] |
| market | tirgus (v) | [tirgus] |

coffee house	kafejnīca (s)	[kafejni:tsa]
restaurant	restorāns (v)	[restora:ns]
pub, bar	alus krogs (v)	[alus krɔgs]
pizzeria	picērija (s)	[pitse:rija]

hair salon	frizētava (s)	[frizɛ:tava]
post office	pasts (v)	[pasts]
dry cleaners	ķīmiskā tīrītava (s)	[tʲi:miska: ti:ri:tava]

photo studio	fotostudija (s)	[fɔtɔstudija]
shoe store	apavu veikals (v)	[apavu vɛikals]
bookstore	grāmatnīca (s)	[gra:matni:tsa]
sporting goods store	sporta preču veikals (v)	[spɔrta pretʃu vɛikals]

clothes repair shop	apģērbu labošana (s)	[apdʲe:rbu labɔʃana]
formal wear rental	apģērbu noma (s)	[apdʲe:rbu nɔma]
video rental store	filmu noma (s)	[filmu nɔma]

circus	cirks (v)	[tsirks]
zoo	zoodārzs (v)	[zɔɔda:rzs]
movie theater	kinoteātris (v)	[kinɔtea:tris]
museum	muzejs (v)	[muzejs]
library	bibliotēka (s)	[bibliɔtɛ:ka]
theater	teātris (v)	[tea:tris]
opera (opera house)	opera (s)	[ɔpɛra]
nightclub	naktsklubs (v)	[naktsklubs]
casino	kazino (v)	[kazinɔ]

mosque	mošeja (s)	[mɔʃeja]
synagogue	sinagoga (s)	[sinagɔga]
cathedral	katedrāle (s)	[katedra:le]
temple	dievnams (v)	[diɛvnams]
church	baznīca (s)	[bazni:tsa]

college	institūts (v)	[institu:ts]
university	universitāte (s)	[univɛrsita:te]
school	skola (s)	[skɔla]

prefecture	prefektūra (s)	[prefektu:ra]
city hall	mērija (s)	[me:rija]
hotel	viesnīca (s)	[viɛsni:tsa]
bank	banka (s)	[banka]

embassy	vēstniecība (s)	[ve:stniɛtsi:ba]
travel agency	tūrisma aģentūra (s)	[tu:risma adʲentu:ra]
information office	izziņu birojs (v)	[izziɲu birɔjs]
currency exchange	apmaiņas punkts (v)	[apmaiɲas punkts]

| subway | metro (v) | [metrɔ] |
| hospital | slimnīca (s) | [slimni:tsa] |

| gas station | degvielas uzpildes stacija (s) | [degviɛlas uzpildes statsija] |
| parking lot | autostāvvieta (s) | [autɔsta:vviɛta] |

30. Signs

| signboard (store sign, etc.) | izkārtne (s) | [izka:rtne] |
| notice (door sign, etc.) | uzraksts (v) | [uzraksts] |

poster	plakāts (v)	[plaka:ts]
direction sign	ceļrādis (v)	[tselʲra:dis]
arrow (sign)	bultiņa (s)	[bultiɲa]

caution	brīdinājums (v)	[bri:dina:jums]
warning sign	brīdinājums (v)	[bri:dina:jums]
to warn (vt)	brīdināt	[bri:dina:t]

rest day (weekly ~)	brīvdiena (s)	[bri:vdiɛna]
timetable (schedule)	saraksts (v)	[saraksts]
opening hours	darba laiks (v)	[darba laiks]

WELCOME!	LAIPNI LŪDZAM!	[laipni lu:dzam!]
ENTRANCE	IEEJA	[iɛeja]
EXIT	IZEJA	[izeja]

PUSH	GRŪST	[gru:st]
PULL	VILKT	[vilkt]
OPEN	ATVĒRTS	[atve:rts]
CLOSED	SLĒGTS	[sle:gts]

| WOMEN | SIEVIEŠU | [siɛviɛʃu] |
| MEN | VĪRIEŠU | [vi:riɛʃu] |

| DISCOUNTS | ATLAIDES | [atlaides] |
| SALE | IZPĀRDOŠANA | [izpa:rdoʃana] |

| NEW! | JAUNUMS! | [jaunums!] |
| FREE | BEZMAKSAS | [bezmaksas] |

ATTENTION!	UZMANĪBU!	[uzmani:bu!]
NO VACANCIES	BRĪVU VIETU NAV	[bri:vu viɛtu nav]
RESERVED	REZERVĒTS	[rɛzerve:ts]

| ADMINISTRATION | ADMINISTRĀCIJA | [administra:tsija] |
| STAFF ONLY | TIKAI PERSONĀLAM | [tikai pɛrsona:lam] |

BEWARE OF THE DOG!	NIKNS SUNS	[nikns suns]
NO SMOKING	SMĒĶĒT AIZLIEGTS!	[smɛ:tʲe:t aizliɛgts!]
DO NOT TOUCH!	AR ROKĀM NEAIZTIKT	[ar roka:m neaiztikt]

DANGEROUS	BĪSTAMI	[bi:stami]
DANGER	BĪSTAMS	[bi:stams]
HIGH VOLTAGE	AUGSTSPRIEGUMS	[augstspriɛgums]

| NO SWIMMING! | PELDĒT AIZLIEGTS! | [pelde:t aizliɛgts!] |
| OUT OF ORDER | NESTRĀDĀ | [nestra:da:] |

FLAMMABLE	UGUNSNEDROŠS	[ugunsnedroʃs]
FORBIDDEN	AIZLIEGTS	[aizliɛgts]
NO TRESPASSING!	IEIEJA AIZLIEGTA	[iɛiɛja aizliɛgta]
WET PAINT	SVAIGI KRĀSOTS	[svaigi kra:sots]

31. Shopping

to buy (purchase)	**pirkt**	[pirkt]
purchase	**pirkums** (v)	[pirkums]
to go shopping	**iepirkties**	[iɛpirktiɛs]
shopping	**iepirkšanās** (s)	[iɛpirkʃanaːs]
to be open (ab. store)	**strādāt**	[straːdaːt]
to be closed	**slēgties**	[sleːgtiɛs]
footwear, shoes	**apavi** (v dsk)	[apavi]
clothes, clothing	**apģērbs** (v)	[apdʲeːrbs]
cosmetics	**kosmētika** (s)	[kɔsmeːtika]
food products	**pārtikas produkti** (v dsk)	[paːrtikas prɔdukti]
gift, present	**dāvana** (s)	[daːvana]
salesman	**pārdevējs** (v)	[paːrdɛveːjs]
saleswoman	**pārdevēja** (s)	[paːrdɛveːja]
check out, cash desk	**kase** (s)	[kase]
mirror	**spogulis** (v)	[spɔgulis]
counter (store ~)	**lete** (s)	[lɛte]
fitting room	**pielaikošanas kabīne** (s)	[piɛlaikɔʃanas kabiːne]
to try on	**pielaikot**	[piɛlaikɔt]
to fit (ab. dress, etc.)	**derēt**	[dɛreːt]
to like (I like ...)	**patikt**	[patikt]
price	**cena** (s)	[tsɛna]
price tag	**cenas zīme** (s)	[tsɛnas ziːme]
to cost (vt)	**maksāt**	[maksaːt]
How much?	**Cik?**	[tsik?]
discount	**atlaide** (s)	[atlaide]
inexpensive (adj)	**ne visai dārgs**	[ne visai daːrgs]
cheap (adj)	**lēts**	[leːts]
expensive (adj)	**dārgs**	[daːrgs]
It's expensive	**Tas ir dārgi**	[tas ir daːrgi]
rental (n)	**noma** (s)	[nɔma]
to rent (~ a tuxedo)	**paņemt nomā**	[paɲemt nɔmaː]
credit (trade credit)	**kredīts** (v)	[krediːts]
on credit (adv)	**uz kredīta**	[uz krediːta]

CLOTHING & ACCESSORIES

T&P Books Publishing

32. Outerwear. Coats

clothes	apģērbs (v)	[apdⁱeːrbs]
outerwear	virsdrēbes (s dsk)	[virsdrɛːbes]
winter clothing	ziemas drēbes (s dsk)	[ziɛmas drɛːbes]

coat (overcoat)	mētelis (v)	[mɛːtelis]
fur coat	kažoks (v)	[kaʒɔks]
fur jacket	puskažoks (v)	[puskaʒɔks]
down coat	dūnu mētelis (v)	[duːnu mɛːtelis]

jacket (e.g., leather ~)	jaka (s)	[jaka]
raincoat (trenchcoat, etc.)	apmetnis (v)	[apmetnis]
waterproof (adj)	ūdensnecaurlaidīgs	[uːdensnetsaurlaidiːgs]

33. Men's & women's clothing

shirt (button shirt)	krekls (v)	[krekls]
pants	bikses (s dsk)	[bikses]
jeans	džinsi (v dsk)	[dʒinsi]
suit jacket	žakete (s)	[ʒakɛte]
suit	uzvalks (v)	[uzvalks]

dress (frock)	kleita (s)	[klɛita]
skirt	svārki (v dsk)	[svaːrki]
blouse	blūze (s)	[bluːze]
knitted jacket (cardigan, etc.)	vilnaina jaka (s)	[vilnaina jaka]
jacket (of woman's suit)	žakete (s)	[ʒakɛte]

T-shirt	sporta krekls (v)	[spɔrta krekls]
shorts (short trousers)	šorti (v dsk)	[ʃɔrti]
tracksuit	sporta tērps (v)	[spɔrta teːrps]
bathrobe	halāts (v)	[xalaːts]
pajamas	pidžama (s)	[pidʒama]

sweater	svīteris (v)	[sviːteris]
pullover	pulovers (v)	[pulɔvɛrs]

vest	veste (s)	[veste]
tailcoat	fraka (s)	[fraka]
tuxedo	smokings (v)	[smɔkiŋgs]
uniform	uniforma (s)	[uniforma]
workwear	darba apģērbs (v)	[darba apdⁱeːrbs]

overalls   kombinezons (v)   [kɔmbinezɔns]
coat (e.g., doctor's smock)   halāts (v)   [xala:ts]

34. Clothing. Underwear

underwear   veļa (s)   [vɛlʲa]
boxers, briefs   bokseršorti (v dsk)   [bɔkserʃɔrti]
panties   biksītes (s dsk)   [biksi:tes]
undershirt (A-shirt)   apakškrekls (v)   [apakʃkrekls]
socks   zeķes (s dsk)   [zɛtʲes]

nightgown   naktskrekls (v)   [naktskrekls]
bra   krūšturis (v)   [kru:ʃturis]
knee highs   pusgarās zeķes (s dsk)   [pusgara:s zɛtʲes]
(knee-high socks)
pantyhose   zeķubikses (s dsk)   [zɛtʲubikses]
stockings (thigh highs)   sieviešu zeķes (s dsk)   [siɛviɛʃu zɛtʲes]
bathing suit   peldkostīms (v)   [peldkɔsti:ms]

35. Headwear

hat   cepure (s)   [tsɛpure]
fedora   platmale (s)   [platmale]
baseball cap   beisbola cepure (s)   [bɛisbɔla tsɛpure]
flatcap   žokejcepure (s)   [ʒɔkejtsɛpure]

beret   berete (s)   [bɛrɛte]
hood   kapuce (s)   [kaputse]
panama hat   panama (s)   [panama]
knit cap (knitted hat)   adīta cepurīte (s)   [adi:ta tsɛpuri:te]

headscarf   lakats (v)   [lakats]
women's hat   cepurīte (s)   [tsɛpuri:te]

hard hat   ķivere (s)   [tʲivɛre]
garrison cap   laiviņa (s)   [laiviɲa]
helmet   bruņu cepure (s)   [bruɲu tsɛpure]

derby   katliņš (v)   [katliɲʃ]
top hat   cilindrs (v)   [tsilindrs]

36. Footwear

footwear   apavi (v dsk)   [apavi]
shoes (men's shoes)   puszābaki (v dsk)   [pusza:baki]
shoes (women's shoes)   kurpes (s dsk)   [kurpes]

| boots (e.g., cowboy ~) | zābaki (v dsk) | [zaːbaki] |
| slippers | čības (s dsk) | [tʃiːbas] |

tennis shoes (e.g., Nike ~)	sporta kurpes (s dsk)	[spɔrta kurpes]
sneakers	kedas (s dsk)	[kɛdas]
(e.g., Converse ~)		
sandals	sandales (s dsk)	[sandales]

cobbler (shoe repairer)	kurpnieks (v)	[kurpniɛks]
heel	papēdis (v)	[papeːdis]
pair (of shoes)	pāris (v)	[paːris]

| shoestring | aukla (s) | [aukla] |
| to lace (vt) | saitēt | [saiteːt] |

| shoehorn | kurpju velkamais (v) | [kurpju velkamais] |
| shoe polish | apavu krēms (v) | [apavu kreːms] |

37. Personal accessories

gloves	cimdi (v dsk)	[tsimdi]
mittens	dūraiņi (v dsk)	[duːraiɲi]
scarf (muffler)	šalle (s)	[ʃalle]

glasses (eyeglasses)	brilles (s dsk)	[brilles]
frame (eyeglass ~)	ietvars (v)	[iɛtvars]
umbrella	lietussargs (v)	[liɛtusargs]
walking stick	spieķis (v)	[spiɛtʲis]

| hairbrush | matu suka (s) | [matu suka] |
| fan | vēdeklis (v) | [vɛːdeklis] |

| tie (necktie) | kaklasaite (s) | [kaklasaite] |
| bow tie | tauriņš (v) | [tauriɲʃ] |

| suspenders | bikšturi (v dsk) | [bikʃturi] |
| handkerchief | kabatlakatiņš (v) | [kabatlakatiɲʃ] |

| comb | ķemme (s) | [tʲemme] |
| barrette | matu sprādze (s) | [matu spraːdze] |

| hairpin | matadata (s) | [matadata] |
| buckle | sprādze (s) | [spraːdze] |

| belt | josta (s) | [jɔsta] |
| shoulder strap | siksna (s) | [siksna] |

bag (handbag)	soma (s)	[sɔma]
purse	somiņa (s)	[sɔmiɲa]
backpack	mugursoma (s)	[mugursɔma]

38. Clothing. Miscellaneous

fashion	mode (s)	[mɔde]
in vogue (adj)	moderns	[mɔderns]
fashion designer	modelētājs (v)	[mɔdɛlɛ:ta:js]

collar	apkakle (s)	[apkakle]
pocket	kabata (s)	[kabata]
pocket (as adj)	kabatas	[kabatas]
sleeve	piedurkne (s)	[piɛdurkne]
hanging loop	pakaramais (v)	[pakaramais]
fly (on trousers)	bikšu priekša	[bikʃu priɛkʃa]

zipper (fastener)	rāvējslēdzējs (v)	[ra:ve:jsle:dze:js]
fastener	aizdare (s)	[aizdare]
button	poga (s)	[pɔga]
buttonhole	pogcaurums (v)	[pɔgtsaurums]
to come off (ab. button)	atrauties	[atrautiɛs]

to sew (vi, vt)	šūt	[ʃu:t]
to embroider (vi, vt)	izšūt	[izʃu:t]
embroidery	izšūšana (s)	[izʃu:ʃana]
sewing needle	adata (s)	[adata]
thread	diegs (v)	[diɛgs]
seam	šuve (s)	[ʃuve]

to get dirty (vi)	notraipīties	[nɔtraipi:tiɛs]
stain (mark, spot)	traips (v)	[traips]
to crease, crumple (vi)	saburzīties	[saburzi:tiɛs]
to tear, to rip (vt)	saplēst	[saple:st]
clothes moth	kode (s)	[kɔde]

39. Personal care. Cosmetics

toothpaste	zobu pasta (s)	[zɔbu pasta]
toothbrush	zobu suka (s)	[zɔbu suka]
to brush one's teeth	tīrīt zobus	[ti:ri:t zɔbus]

razor	skuveklis (v)	[skuveklis]
shaving cream	skūšanas krēms (v)	[sku:ʃanas kre:ms]
to shave (vi)	skūties	[sku:tiɛs]

| soap | ziepes (s dsk) | [ziɛpes] |
| shampoo | šampūns (v) | [ʃampu:ns] |

scissors	šķēres (s dsk)	[ʃtʲɛ:res]
nail file	nagu vīlīte (s)	[nagu vi:li:te]
nail clippers	knaiblītes (s dsk)	[knaibli:tes]
tweezers	pincete (s)	[pintsɛte]

cosmetics	kosmētika (s)	[kɔsme:tika]
face mask	maska (s)	[maska]
manicure	manikīrs (v)	[maniki:rs]
to have a manicure	taisīt manikīru	[taisi:t maniki:ru]
pedicure	pedikīrs (v)	[pediki:rs]

make-up bag	kosmētikas somiņa (s)	[kɔsme:tikas sɔmiɲa]
face powder	pūderis (v)	[pu:deris]
powder compact	pūdernīca (s)	[pu:derni:tsa]
blusher	vaigu sārtums (v)	[vaigu sa:rtums]

perfume (bottled)	smaržas (s dsk)	[smarʒas]
toilet water (lotion)	tualetes ūdens (v)	[tualɛtes u:dens]
lotion	losjons (v)	[lɔsjɔns]
cologne	odekolons (v)	[ɔdekɔlɔns]

eyeshadow	acu ēnas (s dsk)	[atsu ɛ:nas]
eyeliner	acu zīmulis (v)	[atsu zi:mulis]
mascara	skropstu tuša (s)	[skrɔpstu tuʃa]

lipstick	lūpu krāsa (s)	[lu:pu kra:sa]
nail polish, enamel	nagu laka (s)	[nagu laka]
hair spray	matu laka (s)	[matu laka]
deodorant	dezodorants (v)	[dezodɔrants]

cream	krēms (v)	[kre:ms]
face cream	sejas krēms (v)	[sejas kre:ms]
hand cream	rokas krēms (v)	[rɔkas kre:ms]
anti-wrinkle cream	pretgrumbu krēms (v)	[pretgrumbu kre:ms]
day cream	dienas krēms (v)	[diɛnas kre:ms]
night cream	nakts krēms (v)	[nakts kre:ms]
day (as adj)	dienas	[diɛnas]
night (as adj)	nakts	[nakts]

tampon	tampons (v)	[tampɔns]
toilet paper (toilet roll)	tualetes papīrs (v)	[tualɛtes papi:rs]
hair dryer	fēns (v)	[fe:ns]

40. Watches. Clocks

watch (wristwatch)	rokas pulkstenis (v)	[rɔkas pulkstenis]
dial	ciparnīca (s)	[tsiparni:tsa]
hand (of clock, watch)	bultiņa (s)	[bultiɲa]
metal watch band	metāla siksniņa (s)	[mɛta:la siksniɲa]
watch strap	siksniņa (s)	[siksniɲa]

battery	baterija (s)	[baterija]
to be dead (battery)	izlādēties	[izla:de:tiɛs]
to change a battery	nomainīt bateriju	[nɔmaini:t bateriju]
to run fast	steigties	[stɛigtiɛs]

to run slow	atpalikt	[atpalikt]
wall clock	sienas pulkstenis (v)	[siɛnas pulkstenis]
hourglass	smilšu pulkstenis (v)	[smilʃu pulkstenis]
sundial	saules pulkstenis (v)	[saules pulkstenis]
alarm clock	modinātājs (v)	[mɔdina:ta:js]
watchmaker	pulksteņmeistars (v)	[pulksteɲmɛistars]
to repair (vt)	remontēt	[remɔnte:t]

EVERYDAY EXPERIENCE

T&P Books Publishing

41. Money

English	Latvian	Pronunciation
money	nauda (s)	[nauda]
currency exchange	maiņa (s)	[maiɲa]
exchange rate	kurss (v)	[kurs]
ATM	bankomāts (v)	[bankɔma:ts]
coin	monēta (s)	[mɔnɛ:ta]
dollar	dolārs (v)	[dɔla:rs]
euro	eiro (v)	[ɛirɔ]
lira	lira (s)	[lira]
Deutschmark	marka (s)	[marka]
franc	franks (v)	[franks]
pound sterling	sterliņu mārciņa (s)	[sterliɲu ma:rtsiɲa]
yen	jena (s)	[jena]
debt	parāds (v)	[para:ds]
debtor	parādnieks (v)	[para:dniɛks]
to lend (money)	aizdot	[aizdɔt]
to borrow (vi, vt)	aizņemties	[aizɲemtiɛs]
bank	banka (s)	[banka]
account	konts (v)	[kɔnts]
to deposit (vt)	noguldīt	[nɔguldi:t]
to deposit into the account	noguldīt kontā	[nɔguldi:t kɔnta:]
to withdraw (vt)	izņemt no konta	[izɲemt nɔ kɔnta]
credit card	kredītkarte (s)	[kredi:tkarte]
cash	skaidra nauda (v)	[skaidra nauda]
check	čeks (v)	[tʃɛks]
to write a check	izrakstīt čeku	[izraksti:t tʃɛku]
checkbook	čeku grāmatiņa (s)	[tʃɛku gra:matiɲa]
wallet	maks (v)	[maks]
change purse	maks (v)	[maks]
safe	seifs (v)	[sɛifs]
heir	mantinieks (v)	[mantiniɛks]
inheritance	mantojums (v)	[mantɔjums]
fortune (wealth)	mantība (s)	[manti:ba]
lease	rentēšana (s)	[rente:ʃana]
rent (money)	īres maksa (s)	[i:res maksa]
to rent (sth from sb)	īrēt	[i:re:t]
price	cena (s)	[tsɛna]

cost	vērtība (s)	[ve:rti:ba]
sum	summa (s)	[summa]
to spend (vt)	tērēt	[tɛ:re:t]
expenses	izdevumi (v dsk)	[izdɛvumi]
to economize (vi, vt)	taupīt	[taupi:t]
economical	taupīgs	[taupi:gs]
to pay (vi, vt)	maksāt	[maksa:t]
payment	samaksa (s)	[samaksa]
change (give the ~)	atlikums (v)	[atlikums]
tax	nodoklis (v)	[nɔdɔklis]
fine	sods (v)	[sɔds]
to fine (vt)	uzlikt naudas sodu	[uzlikt naudas sɔdu]

42. Post. Postal service

post office	pasts (v)	[pasts]
mail (letters, etc.)	pasts (v)	[pasts]
mailman	pastnieks (v)	[pastniɛks]
opening hours	darba laiks (v)	[darba laiks]
letter	vēstule (s)	[ve:stule]
registered letter	ierakstīta vēstule (s)	[iɛraksti:ta ve:stule]
postcard	pastkarte (s)	[pastkarte]
telegram	telegramma (s)	[tɛlegramma]
package (parcel)	sūtījums (v)	[su:ti:jums]
money transfer	naudas pārvedums (v)	[naudas pa:rvɛdums]
to receive (vt)	saņemt	[saɲemt]
to send (vt)	nosūtīt	[nɔsu:ti:t]
sending	aizsūtīšana (s)	[aizsu:ti:ʃana]
address	adrese (s)	[adrɛse]
ZIP code	indekss (v)	[indeks]
sender	sūtītājs (v)	[su:ti:ta:js]
receiver	saņēmējs (v)	[saɲɛ:me:js]
name (first name)	vārds (v)	[va:rds]
surname (last name)	uzvārds (v)	[uzva:rds]
postage rate	tarifs (v)	[tarifs]
standard (adj)	parasts	[parasts]
economical (adj)	ekonomisks	[ekɔnɔmisks]
weight	svars (v)	[svars]
to weigh (~ letters)	svērt	[sve:rt]
envelope	aploksne (s)	[aplɔksne]
postage stamp	marka (s)	[marka]
to stamp an envelope	uzlīmēt marku	[uzli:me:t marku]

43. Banking

bank	banka (s)	[banka]
branch (of bank, etc.)	nodaļa (s)	[nɔdalʲa]
bank clerk, consultant	konsultants (v)	[kɔnsultants]
manager (director)	pārvaldnieks (v)	[pa:rvaldniɛks]
bank account	konts (v)	[kɔnts]
account number	konta numurs (v)	[kɔnta numurs]
checking account	tekošais konts (v)	[tekɔʃais kɔnts]
savings account	iekrājumu konts (v)	[iɛkra:jumu kɔnts]
to open an account	atvērt kontu	[atve:rt kɔntu]
to close the account	aizvērt kontu	[aizve:rt kɔntu]
to deposit into the account	nolikt kontā	[nɔlikt kɔnta:]
to withdraw (vt)	izņemt no konta	[izɲemt nɔ kɔnta]
deposit	ieguldījums (v)	[iɛguldi:jums]
to make a deposit	veikt ieguldījumu	[vɛikt iɛguldi:jumu]
wire transfer	pārskaitījums (v)	[pa:rskaiti:jums]
to wire, to transfer	pārskaitīt	[pa:rskaiti:t]
sum	summa (s)	[summa]
How much?	Cik?	[tsik?]
signature	paraksts (v)	[paraksts]
to sign (vt)	parakstīt	[paraksti:t]
credit card	kredītkarte (s)	[kredi:tkarte]
code (PIN code)	kods (v)	[kɔds]
credit card number	kredītkartes numurs (v)	[kredi:tkartes numurs]
ATM	bankomāts (v)	[bankɔma:ts]
check	čeks (v)	[tʃeks]
to write a check	izrakstīt čeku	[izraksti:t tʃɛku]
checkbook	čeku grāmatiņa (s)	[tʃɛku gra:matiɲa]
loan (bank ~)	kredīts (v)	[kredi:ts]
to apply for a loan	griezties pēc kredīta	[griɛzties pe:ts kredi:ta]
to get a loan	ņemt kredītu	[ɲemt kredi:tu]
to give a loan	dot kredītu	[dɔt kredi:tu]
guarantee	garantija (s)	[garantija]

44. Telephone. Phone conversation

telephone	tālrunis (v)	[ta:lrunis]
cell phone	mobilais tālrunis (v)	[mɔbilais ta:lrunis]
answering machine	autoatbildētājs (v)	[autɔatbildɛ:ta:js]

| to call (by phone) | zvanīt | [zvaniːt] |
| phone call | zvans (v) | [zvans] |

to dial a number	uzgriezt telefona numuru	[uzgriɛzt tɛlefɔna numuru]
Hello!	Hallo!	[xallɔ!]
to ask (vt)	pajautāt	[pajautaːt]
to answer (vi, vt)	atbildēt	[atbildeːt]

to hear (vt)	dzirdēt	[dzirdeːt]
well (adv)	labi	[labi]
not well (adv)	slikti	[slikti]
noises (interference)	traucējumi (v dsk)	[trautseːjumi]

receiver	klausule (s)	[klausule]
to pick up (~ the phone)	noņemt klausuli	[nɔɲemt klausuli]
to hang up (~ the phone)	nolikt klausuli	[nɔlikt klausuli]

busy (engaged)	aizņemts	[aizɲemts]
to ring (ab. phone)	zvanīt	[zvaniːt]
telephone book	telefona grāmata (s)	[tɛlefɔna graːmata]

local (adj)	vietējais	[viɛtɛːjais]
local call	vietējais zvans (v)	[viɛtɛːjais zvans]
long distance (~ call)	starppilsētu	[starppilsɛːtu]
long-distance call	starppilsētu zvans (v)	[starppilsɛːtu zvans]
international (adj)	starptautiskais	[starptautiskais]
international call	starptautiskais zvans (v)	[starptautiskais zvans]

45. Cell phone

cell phone	mobilais tālrunis (v)	[mɔbilais taːlrunis]
display	displejs (v)	[displejs]
button	poga (s)	[pɔga]
SIM card	SIM-karte (s)	[sim-karte]

battery	baterija (s)	[baterija]
to be dead (battery)	izlādēties	[izlaːdeːtiɛs]
charger	uzlādes ierīce (s)	[uzlaːdes iɛriːtse]
menu	izvēlne (s)	[izveːlne]
settings	uzstādījumi (v dsk)	[uzstaːdiːjumi]
tune (melody)	melodija (s)	[melɔdija]
to select (vt)	izvēlēties	[izvɛːleːtiɛs]

calculator	kalkulators (v)	[kalkulatɔrs]
voice mail	autoatbildētājs (v)	[autoatbildɛːtaːjs]
alarm clock	modinātājs (v)	[mɔdinaːtaːjs]
contacts	telefona grāmata (s)	[tɛlefɔna graːmata]
SMS (text message)	SMS-ziņa (s)	[sms-ziɲa]
subscriber	abonents (v)	[abɔnents]

46. Stationery

| ballpoint pen | lodīšu pildspalva (s) | [lɔdi:ʃu pildspalva] |
| fountain pen | spalvaskāts (v) | [spalvaska:ts] |

pencil	zīmulis (v)	[zi:mulis]
highlighter	marķieris (v)	[martʲiɛris]
felt-tip pen	flomasteris (v)	[flɔmasteris]

| notepad | bloknots (v) | [blɔknɔts] |
| agenda (diary) | dienasgrāmata (s) | [diɛnasgra:mata] |

ruler	lineāls (v)	[linea:ls]
calculator	kalkulators (v)	[kalkulatɔrs]
eraser	dzēšgumija (s)	[dze:ʃgumija]
thumbtack	piespraude (s)	[piɛspraude]
paper clip	saspraude (s)	[saspraude]

glue	līme (s)	[li:me]
stapler	skavotājs (v)	[skavɔta:js]
hole punch	caurumotājs (v)	[tsaurumɔta:js]
pencil sharpener	zīmuļu asināmais (v)	[zi:mulʲu asina:mais]

47. Foreign languages

language	valoda (s)	[valɔda]
foreign (adj)	svešs	[sveʃs]
foreign language	svešvaloda (s)	[sveʃvalɔda]
to study (vt)	pētīt	[pe:ti:t]
to learn (language, etc.)	mācīties	[ma:tsi:tiɛs]

to read (vi, vt)	lasīt	[lasi:t]
to speak (vi, vt)	runāt	[runa:t]
to understand (vt)	saprast	[saprast]
to write (vt)	rakstīt	[raksti:t]

fast (adv)	ātri	[a:tri]
slowly (adv)	lēni	[le:ni]
fluently (adv)	brīvi	[bri:vi]

rules	noteikumi (v dsk)	[nɔtɛikumi]
grammar	gramatika (s)	[gramatika]
vocabulary	leksika (s)	[leksika]
phonetics	fonētika (s)	[fɔne:tika]

textbook	mācību grāmata (s)	[ma:tsi:bu gra:mata]
dictionary	vārdnīca (s)	[va:rdni:tsa]
teach-yourself book	pašmācības grāmata (s)	[paʃma:tsi:bas gra:mata]
phrasebook	sarunvārdnīca (s)	[sarunva:rdni:tsa]

cassette, tape	kasete (s)	[kasɛte]
videotape	videokasete (s)	[videɔkasɛte]
CD, compact disc	kompaktdisks (v)	[kɔmpaktdisks]
DVD	DVD (v)	[dvd]

alphabet	alfabēts (v)	[alfabeːts]
to spell (vt)	izrunāt pa burtiem	[izrunaːt pa burtiɛm]
pronunciation	izruna (s)	[izruna]

accent	akcents (v)	[aktsents]
with an accent	ar akcentu	[ar aktsentu]
without an accent	bez akcenta	[bez aktsenta]

| word | vārds (v) | [vaːrds] |
| meaning | nozīme (s) | [nɔziːme] |

course (e.g., a French ~)	kursi (v dsk)	[kursi]
to sign up	pierakstīties	[piɛrakstiːtiɛs]
teacher	pasniedzējs (v)	[pasniɛdzeːjs]

translation (process)	tulkošana (s)	[tulkɔʃana]
translation (text, etc.)	tulkojums (v)	[tulkɔjums]
translator	tulks (v)	[tulks]
interpreter	tulks (v)	[tulks]

| polyglot | poliglots (v) | [pɔliglɔts] |
| memory | atmiņa (s) | [atmiɲa] |

MEALS. RESTAURANT

T&P Books Publishing

48. Table setting

spoon	karote (s)	[karɔte]
knife	nazis (v)	[nazis]
fork	dakša (s)	[dakʃa]
cup (e.g., coffee ~)	tase (s)	[tase]
plate (dinner ~)	šķīvis (v)	[ʃtʲi:vis]
saucer	apakštase (s)	[apakʃtase]
napkin (on table)	salvete (s)	[salvɛte]
toothpick	zobu bakstāmais (v)	[zɔbu baksta:mais]

49. Restaurant

restaurant	restorāns (v)	[restɔra:ns]
coffee house	kafejnīca (s)	[kafejni:tsa]
pub, bar	bārs (v)	[ba:rs]
tearoom	tēju nams (v)	[te:ju nams]

waiter	oficiants (v)	[ɔfitsiants]
waitress	oficiante (s)	[ɔfitsiante]
bartender	bārmenis (v)	[ba:rmenis]

menu	ēdienkarte (s)	[e:diɛnkarte]
wine list	vīnu karte (s)	[vi:nu karte]
to book a table	rezervēt galdiņu	[rɛzerve:t galdiɲu]

course, dish	ēdiens (v)	[e:diɛns]
to order (meal)	pasūtīt	[pasu:ti:t]
to make an order	pasūtīt	[pasu:ti:t]

aperitif	aperitīvs (v)	[aperiti:vs]
appetizer	uzkožamais (v)	[uzkɔʒamais]
dessert	deserts (v)	[dɛserts]

check	rēķins (v)	[re:tʲins]
to pay the check	samaksāt rēķinu	[samaksa:t re:tʲinu]
to give change	iedot atlikumu	[iɛdot atlikumu]
tip	dzeramnauda (s)	[dzɛramnauda]

50. Meals

| food | ēdiens (v) | [e:diɛns] |
| to eat (vi, vt) | ēst | [ɛ:st] |

breakfast	brokastis (s dsk)	[brɔkastis]
to have breakfast	brokastot	[brɔkastɔt]
lunch	pusdienas (s dsk)	[pusdiɛnas]
to have lunch	pusdienot	[pusdiɛnɔt]
dinner	vakariņas (s dsk)	[vakariņas]
to have dinner	vakariņot	[vakariɲɔt]

| appetite | apetīte (s) | [apeti:te] |
| Enjoy your meal! | Labu apetīti! | [labu apeti:ti!] |

to open (~ a bottle)	atvērt	[atve:rt]
to spill (liquid)	izliet	[izliɛt]
to spill out (vi)	izlieties	[izliɛtiɛs]

to boil (vi)	vārīties	[va:ri:tiɛs]
to boil (vt)	vārīt	[va:ri:t]
boiled (~ water)	vārīts	[va:ri:ts]
to chill, cool down (vt)	atdzesēt	[atdzɛse:t]
to chill (vi)	atdzesēties	[atdzɛse:tiɛs]

| taste, flavor | garša (s) | [garʃa] |
| aftertaste | piegarša (s) | [piɛgarʃa] |

to slim down (lose weight)	tievēt	[tiɛve:t]
diet	diēta (s)	[diɛ:ta]
vitamin	vitamīns (v)	[vitami:ns]
calorie	kalorija (s)	[kalɔrija]
vegetarian (n)	veģetārietis (v)	[vɛdʲɛta:riɛtis]
vegetarian (adj)	veģetāriešu	[vɛdʲɛta:riɛʃu]

fats (nutrient)	tauki (v dsk)	[tauki]
proteins	olbaltumvielas (s dsk)	[ɔlbaltumviɛlas]
carbohydrates	ogļhidrāti (v dsk)	[ɔglʲxidra:ti]
slice (of lemon, ham)	šķēlīte (s)	[ʃtʲe:li:te]
piece (of cake, pie)	gabals (v)	[gabals]
crumb (of bread, cake, etc.)	gabaliņš (v)	[gabaliɲʃ]

51. Cooked dishes

course, dish	ēdiens (v)	[e:diɛns]
cuisine	virtuve (s)	[virtuve]
recipe	recepte (s)	[retsepte]
portion	porcija (s)	[pɔrtsija]

| salad | salāti (v dsk) | [sala:ti] |
| soup | zupa (s) | [zupa] |

| clear soup (broth) | buljons (v) | [buljons] |
| sandwich (bread) | sviestmaize (s) | [sviɛstmaize] |

fried eggs	**ceptas olas** (s dsk)	[tseptas ɔlas]
hamburger (beefburger)	**hamburgers** (v)	[xamburgɛrs]
beefsteak	**bifšteks** (v)	[bifʃteks]

side dish	**piedeva** (s)	[piɛdɛva]
spaghetti	**spageti** (v dsk)	[spageti]
mashed potatoes	**kartupeļu biezenis** (v)	[kartupɛlʲu biɛzenis]
pizza	**pica** (s)	[pitsa]
porridge (oatmeal, etc.)	**biezputra** (s)	[biɛzputra]
omelet	**omlete** (s)	[ɔmlɛte]

boiled (e.g., ~ beef)	**vārīts**	[va:ri:ts]
smoked (adj)	**kūpināts**	[ku:pina:ts]
fried (adj)	**cepts**	[tsepts]
dried (adj)	**žāvēts**	[ʒa:ve:ts]
frozen (adj)	**sasaldēts**	[sasalde:ts]
pickled (adj)	**marinēts**	[marine:ts]

sweet (sugary)	**salds**	[salds]
salty (adj)	**sāļš**	[sa:lʲʃ]
cold (adj)	**auksts**	[auksts]
hot (adj)	**karsts**	[karsts]
bitter (adj)	**rūgts**	[ru:gts]
tasty (adj)	**garšīgs**	[garʃi:gs]

to cook in boiling water	**vārīt**	[va:ri:t]
to cook (dinner)	**gatavot**	[gatavɔt]
to fry (vt)	**cept**	[tsept]
to heat up (food)	**uzsildīt**	[uzsildi:t]

to salt (vt)	**piebērt sāli**	[piɛbe:rt sa:li]
to pepper (vt)	**piparot**	[piparɔt]
to grate (vt)	**rīvēt**	[ri:ve:t]
peel (n)	**miza** (s)	[miza]
to peel (vt)	**mizot**	[mizɔt]

52. Food

meat	**gaļa** (s)	[galʲa]
chicken	**vista** (s)	[vista]
Rock Cornish hen (poussin)	**cālis** (v)	[tsa:lis]
duck	**pīle** (s)	[pi:le]
goose	**zoss** (s)	[zɔs]
game	**medījums** (v)	[medi:jums]
turkey	**tītars** (v)	[ti:tars]

pork	**cūkgaļa** (s)	[tsu:kgalʲa]
veal	**teļa gaļa** (s)	[tɛlʲa galʲa]
lamb	**jēra gaļa** (s)	[je:ra galʲa]

| beef | liellopu gaļa (s) | [liɛllɔpu galʲa] |
| rabbit | trusis (v) | [trusis] |

sausage (bologna, pepperoni, etc.)	desa (s)	[dɛsa]
vienna sausage (frankfurter)	cīsiņš (v)	[tsi:siɲʃ]
bacon	bekons (v)	[bekɔns]
ham	šķiņķis (v)	[ʃtʲiɲtʲis]
gammon	šķiņķis (v)	[ʃtʲiɲtʲis]

pâté	pastēte (s)	[pastɛ:te]
liver	aknas (s dsk)	[aknas]
hamburger (ground beef)	malta gaļa (s)	[malta galʲa]
tongue	mēle (s)	[mɛ:le]

egg	ola (s)	[ɔla]
eggs	olas (s dsk)	[ɔlas]
egg white	baltums (v)	[baltums]
egg yolk	dzeltenums (v)	[dzeltenums]

fish	zivs (s)	[zivs]
seafood	jūras produkti (v dsk)	[ju:ras prɔdukti]
crustaceans	vēžveidīgie (v dsk)	[ve:ʒvɛidi:giɛ]
caviar	ikri (v dsk)	[ikri]

crab	krabis (v)	[krabis]
shrimp	garnele (s)	[garnɛle]
oyster	austere (s)	[austɛre]
spiny lobster	langusts (v)	[laŋgusts]
octopus	astoņkājis (v)	[astɔŋka:jis]
squid	kalmārs (v)	[kalma:rs]

sturgeon	store (s)	[stɔre]
salmon	lasis (v)	[lasis]
halibut	āte (s)	[a:te]

cod	menca (s)	[mentsa]
mackerel	skumbrija (s)	[skumbrija]
tuna	tuncis (v)	[tuntsis]
eel	zutis (v)	[zutis]

trout	forele (s)	[fɔrɛle]
sardine	sardīne (s)	[sardi:ne]
pike	līdaka (s)	[li:daka]
herring	siļķe (s)	[silʲtʲe]

bread	maize (s)	[maize]
cheese	siers (v)	[siɛrs]
sugar	cukurs (v)	[tsukurs]
salt	sāls (v)	[sa:ls]
rice	rīsi (v dsk)	[ri:si]

| pasta (macaroni) | makaroni (v dsk) | [makarɔni] |
| noodles | nūdeles (s dsk) | [nu:dɛles] |

butter	sviests (v)	[sviɛsts]
vegetable oil	augu eļļa (s)	[augu ellʲa]
sunflower oil	saulespuķu eļļa (s)	[saulesputʲu ellʲa]
margarine	margarīns (v)	[margari:ns]

| olives | olīvas (s dsk) | [ɔli:vas] |
| olive oil | olīveļļa (s) | [ɔli:vellʲa] |

milk	piens (v)	[piɛns]
condensed milk	kondensētais piens (v)	[kɔndensɛ:tais piɛns]
yogurt	jogurts (v)	[jɔgurts]
sour cream	krējums (v)	[kre:jums]
cream (of milk)	salds krējums (v)	[salds kre:jums]

| mayonnaise | majonēze (s) | [majɔnɛ:ze] |
| buttercream | krēms (v) | [kre:ms] |

cereal grains (wheat, etc.)	putraimi (v dsk)	[putraimi]
flour	milti (v dsk)	[milti]
canned food	konservi (v dsk)	[kɔnservi]

cornflakes	kukurūzas pārslas (s dsk)	[kukuru:zas pa:rslas]
honey	medus (v)	[mɛdus]
jam	džems, ievārījums (v)	[dʒems], [iɛva:ri:jums]
chewing gum	košļājamā gumija (s)	[kɔʃlʲa:jama: gumija]

53. Drinks

water	ūdens (v)	[u:dens]
drinking water	dzeramais ūdens (v)	[dzɛramais u:dens]
mineral water	minerālūdens (v)	[minɛra:lu:dens]

still (adj)	negāzēts	[nɛga:ze:ts]
carbonated (adj)	gāzēts	[ga:ze:ts]
sparkling (adj)	dzirkstošs	[dzirkstɔʃs]
ice	ledus (v)	[lɛdus]
with ice	ar ledu	[ar lɛdu]

| non-alcoholic (adj) | bezalkoholisks | [bɛzalkɔxɔlisks] |
| soft drink | bezalkoholiskais dzēriens (v) | [bɛzalkɔxɔliskais dze:riɛns] |

| refreshing drink | atspirdzinošs dzēriens (v) | [atspirdzinɔʃs dze:riɛns] |

| lemonade | limonāde (s) | [limɔna:de] |
| liquors | alkoholiskie dzērieni (v dsk) | [alkɔxɔliskiɛ dze:riɛni] |

wine	vīns (v)	[vi:ns]
white wine	baltvīns (v)	[baltvi:ns]
red wine	sarkanvīns (v)	[sarkanvi:ns]

liqueur	liķieris (v)	[litʲiɛris]
champagne	šampanietis (v)	[ʃampaniɛtis]
vermouth	vermuts (v)	[vermuts]

whiskey	viskijs (v)	[viskijs]
vodka	degvīns (v)	[degvi:ns]
gin	džins (v)	[dʒins]
cognac	konjaks (v)	[kɔnjaks]
rum	rums (v)	[rums]

coffee	kafija (s)	[kafija]
black coffee	melnā kafija (s)	[melna: kafija]
coffee with milk	kafija (s) ar pienu	[kafija ar piɛnu]
cappuccino	kapučīno (v)	[kaputʃi:nɔ]
instant coffee	šķīstošā kafija (s)	[ʃtʲi:stɔʃa: kafija]

milk	piens (v)	[piɛns]
cocktail	kokteilis (v)	[kɔktɛilis]
milkshake	piena kokteilis (v)	[piɛna kɔktɛilis]

juice	sula (s)	[sula]
tomato juice	tomātu sula (s)	[tɔma:tu sula]
orange juice	apelsīnu sula (s)	[apɛlsi:nu sula]
freshly squeezed juice	svaigi spiesta sula (s)	[svaigi spiɛsta sula]

beer	alus (v)	[alus]
light beer	gaišais alus (v)	[gaiʃais alus]
dark beer	tumšais alus (v)	[tumʃais alus]

tea	tēja (s)	[te:ja]
black tea	melnā tēja (s)	[melna: te:ja]
green tea	zaļā tēja (s)	[zalʲa: te:ja]

54. Vegetables

| vegetables | dārzeņi (v dsk) | [da:rzeɲi] |
| greens | zaļumi (v dsk) | [zalʲumi] |

tomato	tomāts (v)	[tɔma:ts]
cucumber	gurķis (v)	[gurtʲis]
carrot	burkāns (v)	[burka:ns]
potato	kartupelis (v)	[kartupelis]
onion	sīpols (v)	[si:pɔls]
garlic	ķiploks (v)	[tʲiplɔks]
cabbage	kāposti (v dsk)	[ka:pɔsti]
cauliflower	puķkāposti (v dsk)	[putʲka:pɔsti]

143

| Brussels sprouts | Briseles kāposti (v dsk) | [briseles ka:posti] |
| broccoli | brokolis (v) | [brɔkɔlis] |

beetroot	biete (s)	[biɛte]
eggplant	baklažāns (v)	[baklaʒa:ns]
zucchini	kabacis (v)	[kabatsis]
pumpkin	ķirbis (v)	[tʲirbis]
turnip	rācenis (v)	[ra:tsenis]

parsley	pētersīlis (v)	[pɛ:tɛrsi:lis]
dill	dilles (s dsk)	[dilles]
lettuce	dārza salāti (v dsk)	[da:rza sala:ti]
celery	selerija (s)	[sɛlerija]
asparagus	sparģelis (v)	[spardʲelis]
spinach	spināti (v dsk)	[spina:ti]

pea	zirnis (v)	[zirnis]
beans	pupas (s dsk)	[pupas]
corn (maize)	kukurūza (s)	[kukuru:za]
kidney bean	pupiņas (s dsk)	[pupiɲas]

bell pepper	graudu pipars (v)	[graudu pipars]
radish	redīss (v)	[redi:s]
artichoke	artišoks (v)	[artiʃɔks]

55. Fruits. Nuts

fruit	auglis (v)	[auglis]
apple	ābols (v)	[a:bɔls]
pear	bumbieris (v)	[bumbiɛris]
lemon	citrons (v)	[tsitrɔns]
orange	apelsīns (v)	[apɛlsi:ns]
strawberry (garden ~)	zemene (s)	[zɛmɛne]

mandarin	mandarīns (v)	[mandari:ns]
plum	plūme (s)	[plu:me]
peach	persiks (v)	[pɛrsiks]
apricot	aprikoze (s)	[aprikɔze]
raspberry	avene (s)	[avɛne]
pineapple	ananāss (v)	[anana:s]

banana	banāns (v)	[bana:ns]
watermelon	arbūzs (v)	[arbu:zs]
grape	vīnoga (s)	[vi:nɔga]
sour cherry	skābais ķirsis (v)	[ska:bais tʲirsis]
sweet cherry	saldais ķirsis (v)	[saldais tʲirsis]
melon	melone (s)	[melɔne]

| grapefruit | greipfrūts (v) | [grɛipfru:ts] |
| avocado | avokado (v) | [avɔkadɔ] |

papaya	papaija (s)	[papaija]
mango	mango (v)	[maŋgɔ]
pomegranate	granātābols (v)	[grana:ta:bɔls]

redcurrant	sarkanā jāņoga (s)	[sarkana: ja:ɲɔga]
blackcurrant	upene (s)	[upɛne]
gooseberry	ērkšķoga (s)	[e:rkʃtˈɔga]
bilberry	mellene (s)	[mellɛne]
blackberry	kazene (s)	[kazɛne]

raisin	rozīne (s)	[rɔzi:ne]
fig	vīģe (s)	[vi:dˈe]
date	datele (s)	[datɛle]

peanut	zemesrieksts (v)	[zɛmesriɛksts]
almond	mandeles (s dsk)	[mandɛles]
walnut	valrieksts (v)	[valriɛksts]
hazelnut	lazdu rieksts (v)	[lazdu riɛksts]
coconut	kokosrieksts (v)	[kɔkɔsriɛksts]
pistachios	pistācijas (s dsk)	[pista:tsijas]

56. Bread. Candy

bakers' confectionery (pastry)	konditorejas izstrādājumi (v dsk)	[kɔnditɔrejas izstra:da:jumi]
bread	maize (s)	[maize]
cookies	cepumi (v dsk)	[tsɛpumi]

chocolate (n)	šokolāde (s)	[ʃɔkɔla:de]
chocolate (as adj)	šokolādes	[ʃɔkɔla:des]
candy (wrapped)	konfekte (s)	[kɔnfekte]
cake (e.g., cupcake)	kūka (s)	[ku:ka]
cake (e.g., birthday ~)	torte (s)	[tɔrte]

| pie (e.g., apple ~) | pīrāgs (v) | [pi:ra:gs] |
| filling (for cake, pie) | pildījums (v) | [pildi:jums] |

jam (whole fruit jam)	ievārījums (v)	[iɛva:ri:jums]
marmalade	marmelāde (s)	[marmɛla:de]
waffles	vafeles (s dsk)	[vafɛles]
ice-cream	saldējums (v)	[salde:jums]
pudding	pudiņš (v)	[pudiɲʃ]

57. Spices

salt	sāls (v)	[sa:ls]
salty (adj)	sāļš	[sa:lʲʃ]
to salt (vt)	piebērt sāli	[piɛbe:rt sa:li]

145

black pepper	**melnie pipari** (v dsk)	[melniɛ pipari]
red pepper (milled ~)	**paprika** (s)	[paprika]
mustard	**sinepes** (s dsk)	[sinɛpes]
horseradish	**mārrutki** (v dsk)	[maːrrutki]

condiment	**piedeva** (s)	[piɛdɛva]
spice	**garšviela** (s)	[garʃviɛla]
sauce	**mērce** (s)	[meːrtse]
vinegar	**etiķis** (v)	[ɛtitʲis]

anise	**anīss** (v)	[aniːs]
basil	**baziliks** (v)	[baziliks]
cloves	**krustnagliņas** (s dsk)	[krustnagliɲas]
ginger	**ingvers** (v)	[iŋgvɛrs]
coriander	**koriandrs** (v)	[koriandrs]
cinnamon	**kanēlis** (v)	[kaneːlis]

sesame	**sezams** (v)	[sɛzams]
bay leaf	**lauru lapa** (s)	[lauru lapa]
paprika	**paprika** (s)	[paprika]
caraway	**ķimenes** (s dsk)	[tʲimɛnes]
saffron	**safrāns** (v)	[safraːns]

PERSONAL
INFORMATION. FAMILY

T&P Books Publishing

58. Personal information. Forms

name (first name)	**vārds** (v)	[va:rds]
surname (last name)	**uzvārds** (v)	[uzva:rds]
date of birth	**dzimšanas datums** (v)	[dzimʃanas datums]
place of birth	**dzimšanas vieta** (s)	[dzimʃanas viɛta]
nationality	**tautība** (s)	[tauti:ba]
place of residence	**dzīves vieta** (s)	[dzi:ves viɛta]
country	**valsts** (s)	[valsts]
profession (occupation)	**profesija** (s)	[prɔfesija]
gender, sex	**dzimums** (v)	[dzimums]
height	**augums** (v)	[augums]
weight	**svars** (v)	[svars]

59. Family members. Relatives

mother	**māte** (s)	[ma:te]
father	**tēvs** (v)	[te:vs]
son	**dēls** (v)	[dɛ:ls]
daughter	**meita** (s)	[mɛita]
younger daughter	**jaunākā meita** (s)	[jauna:ka: mɛita]
younger son	**jaunākais dēls** (v)	[jauna:kais dɛ:ls]
eldest daughter	**vecākā meita** (s)	[vetsa:ka: mɛita]
eldest son	**vecākais dēls** (v)	[vetsa:kais dɛ:ls]
brother	**brālis** (v)	[bra:lis]
elder brother	**vecākais brālis** (v)	[vetsa:kais bra:lis]
younger brother	**jaunākais brālis** (v)	[jauna:kais bra:lis]
sister	**māsa** (s)	[ma:sa]
elder sister	**vecākā māsa** (s)	[vetsa:ka: ma:sa]
younger sister	**jaunākā māsa** (s)	[jauna:ka: ma:sa]
cousin (masc.)	**brālēns** (v)	[bra:le:ns]
cousin (fem.)	**māsīca** (s)	[ma:si:tsa]
mom, mommy	**māmiņa** (s)	[ma:miɲa]
dad, daddy	**tētis** (v)	[te:tis]
parents	**vecāki** (v dsk)	[vetsa:ki]
child	**bērns** (v)	[be:rns]
children	**bērni** (v dsk)	[be:rni]
grandmother	**vecmāmiņa** (s)	[vetsma:miɲa]
grandfather	**vectēvs** (v)	[vetste:vs]

grandson	mazdēls (v)	[mazdɛ:ls]
granddaughter	mazmeita (s)	[mazmɛita]
grandchildren	mazbērni (v dsk)	[mazbe:rni]

uncle	onkulis (v)	[ɔnkulis]
aunt	tante (s)	[tante]
nephew	brāļadēls, māsasdēls (v)	[bra:ĺadɛ:ls], [ma:sasdɛ:ls]
niece	brāļameita, māsasmeita (s)	[bra:ĺamɛita], [ma:sasmɛita]

mother-in-law (wife's mother)	sievasmāte, vīramāte (s)	[siɛvasma:te], [vi:rama:te]
father-in-law (husband's father)	sievastēvs, vīratēvs (v)	[siɛvaste:vs], [vi:rate:vs]
son-in-law (daughter's husband)	znots (v)	[znɔts]

stepmother	pamāte (s)	[pama:te]
stepfather	patēvs (v)	[pate:vs]
infant	krūts bērns (v)	[kru:ts be:rns]
baby (infant)	zīdainis (v)	[zi:dainis]
little boy, kid	mazulis (v)	[mazulis]

wife	sieva (s)	[siɛva]
husband	vīrs (v)	[vi:rs]
spouse (husband)	dzīvesbiedrs (v)	[dzi:vesbiɛdrs]
spouse (wife)	dzīvesbiedre (s)	[dzi:vesbiɛdre]

married (masc.)	precējies	[pretse:jiɛs]
married (fem.)	precējusies	[pretse:jusiɛs]
single (unmarried)	neprecējies	[nepretse:jiɛs]
bachelor	vecpuisis (v)	[vetspuisis]
divorced (masc.)	šķīries	[ʃťi:riɛs]
widow	atraitne (s)	[atraitne]
widower	atraitnis (v)	[atraitnis]

relative	radinieks (v)	[radiniɛks]
close relative	tuvs radinieks (v)	[tuvs radiniɛks]
distant relative	tāls radinieks (v)	[ta:ls radiniɛks]
relatives	radi (v dsk)	[radi]

orphan (boy)	bārenis (v)	[ba:renis]
orphan (girl)	bārene (s)	[ba:rɛne]
guardian (of a minor)	aizbildnis (v)	[aizbildnis]
to adopt (a boy)	adoptēt zēnu	[adɔpte:t zɛ:nu]
to adopt (a girl)	adoptēt meiteni	[adɔpte:t mɛiteni]

60. Friends. Coworkers

friend (masc.)	draugs (v)	[draugs]
friend (fem.)	draudzene (s)	[draudzɛne]

friendship	**draudzība** (s)	[draudzi:ba]
to be friends	**draudzēties**	[draudze:tiɛs]
buddy (masc.)	**draugs** (v)	[draugs]
buddy (fem.)	**draudzene** (s)	[draudzɛne]
partner	**partneris** (v)	[partneris]
chief (boss)	**šefs** (v)	[ʃefs]
superior (n)	**priekšnieks** (v)	[priɛkʃniɛks]
owner, proprietor	**īpašnieks** (v)	[i:paʃniɛks]
subordinate (n)	**padotais** (v)	[padɔtais]
colleague	**kolēģis** (v)	[kɔle:dʲis]
acquaintance (person)	**paziņa** (s, v)	[paziɲa]
fellow traveler	**ceļabiedrs** (v)	[tsɛlʲabiɛdrs]
classmate	**klases biedrs** (v)	[klases biɛdrs]
neighbor (masc.)	**kaimiņš** (v)	[kaimiɲʃ]
neighbor (fem.)	**kaimiņiene** (s)	[kaimiɲiɛne]
neighbors	**kaimiņi** (v dsk)	[kaimiɲi]

HUMAN BODY. MEDICINE

T&P Books Publishing

61. Head

head	**galva** (s)	[galva]
face	**seja** (s)	[seja]
nose	**deguns** (v)	[dɛguns]
mouth	**mute** (s)	[mute]

eye	**acs** (s)	[ats]
eyes	**acis** (s dsk)	[atsis]
pupil	**acs zīlīte** (s)	[ats ziːliːte]
eyebrow	**uzacs** (s)	[uzats]
eyelash	**skropsta** (s)	[skrɔpsta]
eyelid	**plakstiņš** (v)	[plakstiɲʃ]

tongue	**mēle** (s)	[mɛːle]
tooth	**zobs** (v)	[zɔbs]
lips	**lūpas** (s dsk)	[luːpas]
cheekbones	**vaigu kauli** (v dsk)	[vaigu kauli]
gum	**smaganas** (s dsk)	[smaganas]
palate	**aukslējas** (s dsk)	[auksleːjas]

nostril	**nāsis** (s dsk)	[naːsis]
chin	**zods** (v)	[zɔds]
jaw	**žoklis** (v)	[ʒɔklis]
cheek	**vaigs** (v)	[vaigs]

forehead	**piere** (s)	[piɛre]
temple	**deniņi** (v dsk)	[deniɲi]
ear	**auss** (s)	[aus]
back of the head	**pakausis** (v)	[pakausis]
neck	**kakls** (v)	[kakls]
throat	**rīkle** (s)	[riːkle]

hair	**mati** (v dsk)	[mati]
hairstyle	**frizūra** (s)	[frizuːra]
haircut	**matu griezums** (v)	[matu griɛzums]
wig	**parūka** (s)	[paruːka]

mustache	**ūsas** (s dsk)	[uːsas]
beard	**bārda** (s)	[baːrda]
to have (a beard, etc.)	**ir**	[ir]
braid	**bize** (s)	[bize]
sideburns	**vaigubārda** (s)	[vaigubaːrda]

red-haired (adj)	**ruds**	[ruds]
gray (hair)	**sirms**	[sirms]

| bald (adj) | plikgalvains | [plikgalvains] |
| bald patch | plika galva (s) | [plika galva] |

| ponytail | zirgaste (s) | [zirgaste] |
| bangs | mati uz pieres (v) | [mati uz pieres] |

62. Human body

| hand | delna (s) | [delna] |
| arm | roka (s) | [rɔka] |

finger	pirksts (v)	[pirksts]
toe	kājas īkšķis (v)	[ka:jas i:kʃtʲis]
thumb	īkšķis (v)	[i:kʃtʲis]
little finger	mazais pirkstiņš (v)	[mazais pirstiɲʃ]
nail	nags (v)	[nags]

fist	dūre (s)	[du:re]
palm	plauksta (s)	[plauksta]
wrist	plaukstas locītava (s)	[plaukstas lɔtsi:tava]
forearm	apakšdelms (v)	[apakʃdelms]
elbow	elkonis (v)	[elkɔnis]
shoulder	augšdelms (v)	[augʃdelms]

leg	kāja (s)	[ka:ja]
foot	pēda (s)	[pɛ:da]
knee	celis (v)	[tselis]
calf (part of leg)	apakšstilbs (v)	[apakʃstilbs]
hip	gurns (v)	[gurns]
heel	papēdis (v)	[pape:dis]

body	ķermenis (v)	[tʲermenis]
stomach	vēders (v)	[vɛ:dɛrs]
chest	krūškurvis (v)	[kru:ʃkurvis]
breast	krūts (s)	[kru:ts]
flank	sāns (v)	[sa:ns]
back	mugura (s)	[mugura]

| lower back | krusti (v dsk) | [krusti] |
| waist | viduklis (v) | [viduklis] |

navel (belly button)	naba (s)	[naba]
buttocks	gūžas (s dsk)	[gu:ʒas]
bottom	dibens (v)	[dibens]

beauty mark	dzimumzīme (s)	[dzimumzi:me]
birthmark	dzimumzīme (s)	[dzimumzi:me]
(café au lait spot)		
tattoo	tetovējums (v)	[tetɔve:jums]
scar	rēta (s)	[rɛ:ta]

153

63. Diseases

sickness	slimība (s)	[slimi:ba]
to be sick	slimot	[slimɔt]
health	veselība (s)	[vɛseli:ba]
runny nose (coryza)	iesnas (s dsk)	[iɛsnas]
tonsillitis	angīna (s)	[aŋgi:na]
cold (illness)	saaukstēšanās (s)	[saaukste:ʃana:s]
to catch a cold	saaukstēties	[saaukste:tiɛs]
bronchitis	bronhīts (v)	[brɔnxi:ts]
pneumonia	plaušu karsonis (v)	[plauʃu karsɔnis]
flu, influenza	gripa (s)	[gripa]
nearsighted (adj)	tuvredzīgs	[tuvredzi:gs]
farsighted (adj)	tālredzīgs	[ta:lredzi:gs]
strabismus (crossed eyes)	šķielēšana (s)	[ʃʲtʲiɛle:ʃana]
cross-eyed (adj)	šķielējošs	[ʃʲtʲiɛle:jɔʃs]
cataract	katarakta (s)	[katarakta]
glaucoma	glaukoma (s)	[glaukɔma]
stroke	insults (v)	[insults]
heart attack	infarkts (v)	[infarkts]
myocardial infarction	miokarda infarkts (v)	[miɔkarda infarkts]
paralysis	paralīze (s)	[parali:ze]
to paralyze (vt)	paralizēt	[paralize:t]
allergy	alerģija (s)	[alerdʲija]
asthma	astma (s)	[astma]
diabetes	diabēts (v)	[diabe:ts]
toothache	zobu sāpes (s dsk)	[zɔbu sa:pes]
caries	kariess (v)	[kariɛs]
diarrhea	caureja (s)	[tsaureja]
constipation	aizcietējums (v)	[aiztsiɛte:jums]
stomach upset	gremošanas traucējumi (v dsk)	[gremɔʃanas trautse:jumi]
food poisoning	saindēšanās (s)	[sainde:ʃana:s]
to get food poisoning	saindēties	[sainde:tiɛs]
arthritis	artrīts (v)	[artri:ts]
rickets	rahīts (v)	[raxi:ts]
rheumatism	reimatisms (v)	[rɛimatisms]
atherosclerosis	ateroskleroze (s)	[aterɔsklerɔze]
gastritis	gastrīts (v)	[gastri:ts]
appendicitis	apendicīts (v)	[apenditsi:ts]
cholecystitis	holecistīts (v)	[xɔletsisti:ts]
ulcer	čūla (s)	[tʃu:la]

measles	masalas (s dsk)	[masalas]
rubella (German measles)	masaliņas (s dsk)	[masaliņas]
jaundice	dzeltenā kaite (s)	[dzeltɛna: kaite]
hepatitis	hepatīts (v)	[xɛpati:ts]

schizophrenia	šizofrēnija (s)	[ʃizɔfre:nija]
rabies (hydrophobia)	trakumsērga (s)	[trakumse:rga]
neurosis	neiroze (s)	[nɛirɔze]
concussion	smadzeņu satricinājums (v)	[smadzɛɲu satritsina:jums]

cancer	vēzis (v)	[ve:zis]
sclerosis	skleroze (s)	[sklerɔze]
multiple sclerosis	multiplā skleroze (s)	[multipla: sklerɔze]

alcoholism	alkoholisms (v)	[alkɔxɔlisms]
alcoholic (n)	alkoholiķis (v)	[alkɔxɔlitʲis]
syphilis	sifiliss (v)	[sifilis]
AIDS	AIDS (v)	[aids]

tumor	audzējs (v)	[audze:js]
malignant (adj)	ļaundabīgs	[lʲaundabi:gs]
benign (adj)	labdabīgs	[labdabi:gs]
fever	drudzis (v)	[drudzis]
malaria	malārija (s)	[mala:rija]
gangrene	gangrēna (s)	[gaŋgrɛ:na]
seasickness	jūras slimība (s)	[ju:ras slimi:ba]
epilepsy	epilepsija (s)	[epilepsija]

epidemic	epidēmija (s)	[epide:mija]
typhus	tīfs (v)	[ti:fs]
tuberculosis	tuberkuloze (s)	[tuberkulɔze]
cholera	holēra (s)	[xɔlɛ:ra]
plague (bubonic ~)	mēris (v)	[me:ris]

64. Symptoms. Treatments. Part 1

symptom	simptoms (v)	[simptɔms]
temperature	temperatūra (s)	[tempɛratu:ra]
high temperature (fever)	augsta temperatūra (s)	[augsta tempɛratu:ra]
pulse	pulss (v)	[puls]

dizziness (vertigo)	galvas reibšana (s)	[galvas rɛibʃana]
hot (adj)	karsts	[karsts]
shivering	drebuļi (v dsk)	[drɛbulʲi]
pale (e.g., ~ face)	bāls	[ba:ls]

cough	klepus (v)	[klɛpus]
to cough (vi)	klepot	[klepɔt]
to sneeze (vi)	šķaudīt	[ʃtʲaudi:t]

155

| faint | ģībonis (v) | [dʲi:bɔnis] |
| to faint (vi) | paģībt | [padʲi:bt] |

bruise (hématome)	zilums (v)	[zilums]
bump (lump)	puns (v)	[puns]
to bang (bump)	atsisties	[atsistiɛs]
contusion (bruise)	sasitums (v)	[sasitums]
to get a bruise	sasisties	[sasistiɛs]

to limp (vi)	klibot	[klibɔt]
dislocation	izmežģījums (v)	[izmeʒdʲi:jums]
to dislocate (vt)	izmežģīt	[izmeʒdʲi:t]
fracture	lūzums (v)	[lu:zums]
to have a fracture	dabūt lūzumu	[dabu:t lu:zumu]

cut (e.g., paper ~)	iegriezums (v)	[iɛgriɛzums]
to cut oneself	sagriezties	[sagriɛztiɛs]
bleeding	asiņošana (s)	[asiɲɔʃana]

| burn (injury) | apdegums (v) | [apdɛgums] |
| to get burned | apdedzināties | [apdedzina:tiɛs] |

to prick (vt)	sadurt	[sadurt]
to prick oneself	sadurties	[sadurtiɛs]
to injure (vt)	sabojāt	[sabɔja:t]
injury	traumēšana (s)	[traume:ʃana]
wound	ievainojums (v)	[iɛvainɔjums]
trauma	trauma (s)	[trauma]

to be delirious	murgot	[murgɔt]
to stutter (vi)	stostīties	[stɔsti:tiɛs]
sunstroke	saules dūriens (v)	[saules du:riɛns]

65. Symptoms. Treatments. Part 2

| pain, ache | sāpes (s dsk) | [sa:pes] |
| splinter (in foot, etc.) | skabarga (s) | [skabarga] |

sweat (perspiration)	sviedri (v dsk)	[sviɛdri]
to sweat (perspire)	svīst	[svi:st]
vomiting	vemšana (s)	[vemʃana]
convulsions	krampji (v dsk)	[krampji]

pregnant (adj)	grūta	[gru:ta]
to be born	piedzimt	[piɛdzimt]
delivery, labor	dzemdības (s dsk)	[dzemdi:bas]
to deliver (~ a baby)	dzemdēt	[dzemde:t]
abortion	aborts (v)	[abɔrts]
breathing, respiration	elpošana (s)	[elpɔʃana]
in-breath (inhalation)	ieelpa (s)	[iɛelpa]

out-breath (exhalation)	**izelpa** (s)	[izelpa]
to exhale (breathe out)	**izelpot**	[izelpɔt]
to inhale (vi)	**ieelpot**	[iɛelpɔt]

disabled person	**invalīds** (v)	[invali:ds]
cripple	**kroplis** (v)	[krɔplis]
drug addict	**narkomāns** (v)	[narkɔma:ns]

deaf (adj)	**kurls**	[kurls]
mute (adj)	**mēms**	[me:ms]
deaf mute (adj)	**kurlmēms**	[kurlme:ms]

mad, insane (adj)	**traks**	[traks]
madman (demented person)	**trakais** (v)	[trakais]
madwoman	**traka** (s)	[traka]
to go insane	**zaudēt prātu**	[zaude:t pra:tu]

gene	**gēns** (v)	[ge:ns]
immunity	**imunitāte** (s)	[imunita:te]
hereditary (adj)	**mantojams**	[mantɔjams]
congenital (adj)	**iedzimts**	[iɛdzimts]

virus	**vīruss** (v)	[vi:rus]
microbe	**mikrobs** (v)	[mikrɔbs]
bacterium	**baktērija** (s)	[bakte:rija]
infection	**infekcija** (s)	[infektsija]

66. Symptoms. Treatments. Part 3

hospital	**slimnīca** (s)	[slimni:tsa]
patient	**pacients** (v)	[patsiɛnts]

diagnosis	**diagnoze** (s)	[diagnɔze]
cure	**ārstēšana** (s)	[a:rste:ʃana]
medical treatment	**ārstēšana** (s)	[a:rste:ʃana]
to get treatment	**ārstēties**	[a:rste:tiɛs]
to treat (~ a patient)	**ārstēt**	[a:rste:t]
to nurse (look after)	**apkopt**	[apkɔpt]
care (nursing ~)	**apkope** (s)	[apkɔpe]

operation, surgery	**operācija** (s)	[ɔpɛra:tsija]
to bandage (head, limb)	**pārsiet**	[pa:rsiɛt]
bandaging	**pārsiešana** (s)	[pa:rsiɛʃana]

vaccination	**potēšana** (s)	[pɔte:ʃana]
to vaccinate (vt)	**potēt**	[pɔte:t]
injection, shot	**injekcija** (s)	[injektsija]
to give an injection	**injicēt**	[injitse:t]
attack	**lēkme** (s)	[le:kme]

amputation	amputācija (s)	[amputa:tsija]
to amputate (vt)	amputēt	[ampute:t]
coma	koma (s)	[kɔma]
to be in a coma	būt komā	[bu:t kɔma:]
intensive care	reanimācija (s)	[reanima:tsija]

to recover (~ from flu)	atveseļoties	[atvɛseļʹɔtiɛs]
condition (patient's ~)	stāvoklis (v)	[sta:vɔklis]
consciousness	apziņa (s)	[apziɲa]
memory (faculty)	atmiņa (s)	[atmiɲa]

to pull out (tooth)	izraut	[izraut]
filling	plomba (s)	[plɔmba]
to fill (a tooth)	plombēt	[plɔmbe:t]

| hypnosis | hipnoze (s) | [xipnɔze] |
| to hypnotize (vt) | hipnotizēt | [xipnɔtize:t] |

67. Medicine. Drugs. Accessories

medicine, drug	zāles (s dsk)	[za:les]
remedy	līdzeklis (v)	[li:dzeklis]
to prescribe (vt)	izrakstīt	[izraksti:t]
prescription	recepte (s)	[retsepte]

tablet, pill	tablete (s)	[tablɛte]
ointment	ziede (s)	[ziɛde]
ampule	ampula (s)	[ampula]
mixture	mikstūra (s)	[mikstu:ra]
syrup	sīrups (v)	[si:rups]
pill	zāļu kapsula (s)	[za:ļʹu kapsula]
powder	pulveris (v)	[pulveris]

gauze bandage	saite (s)	[saite]
cotton wool	vate (s)	[vate]
iodine	jods (v)	[jɔds]

Band-Aid	plāksteris (v)	[pla:ksteris]
eyedropper	pipete (s)	[pipɛte]
thermometer	termometrs (v)	[termɔmetrs]
syringe	šļirce (s)	[ʃļʹirtse]

| wheelchair | ratiņkrēsls (v) | [ratiɲkre:sls] |
| crutches | kruķi (v dsk) | [krutʹi] |

painkiller	pretsāpju līdzeklis (v)	[pretsa:pju li:dzeklis]
laxative	caurejas līdzeklis (v)	[tsaurejas li:dzeklis]
spirits (ethanol)	spirts (v)	[spirts]
medicinal herbs	zāle (s)	[za:le]
herbal (~ tea)	zāļu	[za:ļʹu]

APARTMENT

T&P Books Publishing

68. Apartment

apartment	**dzīvoklis** (v)	[dziːvɔklis]
room	**istaba** (s)	[istaba]
bedroom	**guļamistaba** (s)	[guļamistaba]
dining room	**ēdamistaba** (s)	[ɛːdamistaba]
living room	**viesistaba** (s)	[viɛsistaba]
study (home office)	**kabinets** (v)	[kabinets]
entry room	**priekštelpa** (s)	[priɛkʃtelpa]
bathroom (room with a bath or shower)	**vannas istaba** (s)	[vannas istaba]
half bath	**tualete** (s)	[tualɛte]
ceiling	**griesti** (v dsk)	[griɛsti]
floor	**grīda** (s)	[griːda]
corner	**kakts** (v)	[kakts]

69. Furniture. Interior

furniture	**mēbeles** (s dsk)	[meːbɛles]
table	**galds** (v)	[galds]
chair	**krēsls** (v)	[kreːsls]
bed	**gulta** (s)	[gulta]
couch, sofa	**dīvāns** (v)	[diːvaːns]
armchair	**atpūtas krēsls** (v)	[atpuːtas kreːsls]
bookcase	**grāmatplaukts** (v)	[graːmatplaukts]
shelf	**plaukts** (v)	[plaukts]
wardrobe	**drēbju skapis** (v)	[dreːbju skapis]
coat rack (wall-mounted ~)	**pakaramais** (v)	[pakaramais]
coat stand	**stāvpakaramais** (v)	[staːvpakaramais]
bureau, dresser	**kumode** (s)	[kumɔde]
coffee table	**žurnālu galdiņš** (v)	[ʒurnaːlu galdiɲʃ]
mirror	**spogulis** (v)	[spɔgulis]
carpet	**paklājs** (v)	[paklaːjs]
rug, small carpet	**paklājiņš** (v)	[paklaːjiɲʃ]
fireplace	**kamīns** (v)	[kamiːns]
candle	**svece** (s)	[svetse]
candlestick	**svečturis** (v)	[svetʃturis]

drapes	aizkari (v dsk)	[aizkari]
wallpaper	tapetes (s dsk)	[tapɛtes]
blinds (jalousie)	žalūzijas (s dsk)	[ʒalu:zijas]

table lamp	galda lampa (s)	[galda lampa]
wall lamp (sconce)	gaismeklis (v)	[gaismeklis]
floor lamp	stāvlampa (s)	[sta:vlampa]
chandelier	lustra (s)	[lustra]

leg (of chair, table)	kāja (s)	[ka:ja]
armrest	elkoņa balsts (v)	[elkɔɲa balsts]
back (backrest)	atzveltne (s)	[atzveltne]
drawer	atvilktne (s)	[atvilktne]

70. Bedding

bedclothes	gultas veļa (s)	[gultas vɛlʲa]
pillow	spilvens (v)	[spilvens]
pillowcase	spilvendrāna (s)	[spilvendra:na]
duvet, comforter	sega (s)	[sɛga]
sheet	palags (v)	[palags]
bedspread	pārsegs (v)	[pa:rsegs]

71. Kitchen

kitchen	virtuve (s)	[virtuve]
gas	gāze (s)	[ga:ze]
gas stove (range)	gāzes plīts (v)	[ga:zes pli:ts]
electric stove	elektriskā plīts (v)	[ɛlektriska: pli:ts]
oven	cepeškrāsns (v)	[tsɛpeʃkra:sns]
microwave oven	mikroviļņu krāsns (v)	[mikrɔvilʲɲu kra:sns]

refrigerator	ledusskapis (v)	[lɛduskapis]
freezer	saldētava (s)	[saldɛ:tava]
dishwasher	trauku mazgājamā mašīna (s)	[trauku mazga:jama: maʃi:na]

meat grinder	gaļas mašīna (s)	[galʲas maʃi:na]
juicer	sulu spiede (s)	[sulu spiɛde]
toaster	tosters (v)	[tɔstɛrs]
mixer	mikseris (v)	[mikseris]

coffee machine	kafijas aparāts (v)	[kafijas apara:ts]
coffee pot	kafijas kanna (s)	[kafijas kanna]
coffee grinder	kafijas dzirnaviņas (s)	[kafijas dzirnaviɲas]

kettle	tējkanna (s)	[te:jkanna]
teapot	tējkanna (s)	[te:jkanna]

| lid | vāciņš (v) | [vaːtsiɲʃ] |
| tea strainer | sietiņš (v) | [siɛtiɲʃ] |

spoon	karote (s)	[karɔte]
teaspoon	tējkarote (s)	[teːjkarɔte]
soup spoon	ēdamkarote (s)	[ɛːdamkarɔte]
fork	dakša (s)	[dakʃa]
knife	nazis (v)	[nazis]

tableware (dishes)	galda piederumi (v dsk)	[galda piɛdɛrumi]
plate (dinner ~)	šķīvis (v)	[ʃʲiːvis]
saucer	apakštase (s)	[apakʃtase]

shot glass	glāzīte (s)	[glaːziːte]
glass (tumbler)	glāze (s)	[glaːze]
cup	tase (s)	[tase]

sugar bowl	cukurtrauks (v)	[tsukurtrauks]
salt shaker	sālstrauks (v)	[saːlstrauks]
pepper shaker	piparu trauciņš (v)	[piparu trautsiɲʃ]
butter dish	sviesta trauks (v)	[sviɛsta trauks]

stock pot (soup pot)	kastrolis (v)	[kastrɔlis]
frying pan (skillet)	panna (s)	[panna]
ladle	smeļamkarote (s)	[smɛlʲamkarɔte]
colander	caurduris (v)	[tsaurduris]
tray (serving ~)	paplāte (s)	[paplaːte]

bottle	pudele (s)	[pudɛle]
jar (glass)	burka (s)	[burka]
can	bundža (s)	[bundʒa]

bottle opener	atvere (s)	[atvɛre]
can opener	atvere (s)	[atvɛre]
corkscrew	korķviļķis (v)	[kortʲvilʲtʲis]
filter	filtrs (v)	[filtrs]
to filter (vt)	filtrēt	[filtreːt]

| trash, garbage (food waste, etc.) | atkritumi (v dsk) | [atkritumi] |
| trash can (kitchen ~) | atkritumu tvertne (s) | [atkritumu tvertne] |

72. Bathroom

bathroom	vannas istaba (s)	[vannas istaba]
water	ūdens (v)	[uːdens]
faucet	krāns (v)	[kraːns]
hot water	karsts ūdens (v)	[karsts uːdens]
cold water	auksts ūdens (v)	[auksts uːdens]
toothpaste	zobu pasta (s)	[zɔbu pasta]

| to brush one's teeth | tīrīt zobus | [tiːriːt zɔbus] |
| toothbrush | zobu birste (s) | [zɔbu birste] |

to shave (vi)	skūties	[skuːtiɛs]
shaving foam	skūšanās putas (s)	[skuːʃanaːs putas]
razor	skuveklis (v)	[skuveklis]

to wash (one's hands, etc.)	mazgāt	[mazgaːt]
to take a bath	mazgāties	[mazgaːtiɛs]
shower	duša (s)	[duʃa]
to take a shower	iet dušā	[iɛt duʃaː]

bathtub	vanna (s)	[vanna]
toilet (toilet bowl)	klozetpods (v)	[klɔzetpɔds]
sink (washbasin)	izlietne (s)	[izliɛtne]

| soap | ziepes (s dsk) | [ziɛpes] |
| soap dish | ziepju trauks (v) | [ziɛpju trauks] |

sponge	sūklis (v)	[suːklis]
shampoo	šampūns (v)	[ʃampuːns]
towel	dvielis (v)	[dviɛlis]
bathrobe	halāts (v)	[xalaːts]

laundry (process)	veļas mazgāšana (s)	[vɛlʲas mazgaːʃana]
washing machine	veļas mazgājamā mašīna (s)	[vɛlʲas mazgaːjama: maʃiːna]
to do the laundry	mazgāt veļu	[mazgaːt vɛlʲu]
laundry detergent	veļas pulveris (v)	[vɛlʲas pulveris]

73. Household appliances

TV set	televizors (v)	[tɛlevizɔrs]
tape recorder	magnetofons (v)	[magnetɔfɔns]
VCR (video recorder)	videomagnetofons (v)	[videɔmagnetɔfɔns]
radio	radio uztvērējs (v)	[radiɔ uztvɛːreːjs]
player (CD, MP3, etc.)	atskaņotājs (v)	[atskaɲotaːjs]

video projector	video projektors (v)	[videɔ prɔjektɔrs]
home movie theater	mājas kinoteātris (v)	[maːjas kinɔtea:tris]
DVD player	DVD atskaņotājs (v)	[dvd atskaɲota:js]
amplifier	pastiprinātājs (v)	[pastiprina:ta:js]
video game console	spēļu konsole (s)	[spɛːlʲu kɔnsole]

video camera	videokamera (s)	[videɔkamɛra]
camera (photo)	fotoaparāts (v)	[fɔtɔapara:ts]
digital camera	digitālais fotoaparāts (v)	[digitaːlais fɔtɔapara:ts]

| vacuum cleaner | putekļu sūcējs (v) | [puteklʲu su:tse:js] |
| iron (e.g., steam ~) | gludeklis (v) | [gludeklis] |

ironing board	gludināmais dēlis (v)	[gludina:mais de:lis]
telephone	tālrunis (v)	[ta:lrunis]
cell phone	mobilais tālrunis (v)	[mɔbilais ta:lrunis]
typewriter	rakstāmmašīna (s)	[raksta:mmaʃi:na]
sewing machine	šujmašīna (s)	[ʃujmaʃi:na]

microphone	mikrofons (v)	[mikrɔfɔns]
headphones	austiņas (s dsk)	[austiɲas]
remote control (TV)	pults (v)	[pults]

CD, compact disc	kompaktdisks (v)	[kɔmpaktdisks]
cassette, tape	kasete (s)	[kasɛte]
vinyl record	plate (s)	[plate]

THE EARTH. WEATHER

T&P Books Publishing

space	kosmoss (v)	[kɔsmɔs]
space (as adj)	kosmiskais	[kɔsmiskais]
outer space	kosmiskā telpa (s)	[kɔsmiska: telpa]

world	visums (v)	[visums]
universe	pasaule (s)	[pasaule]
galaxy	galaktika (s)	[galaktika]

star	zvaigzne (s)	[zvaigzne]
constellation	zvaigznājs (v)	[zvaigzna:js]
planet	planēta (s)	[planɛ:ta]
satellite	pavadonis (v)	[pavadɔnis]

meteorite	meteorīts (v)	[mɛteɔri:ts]
comet	komēta (s)	[kɔmɛ:ta]
asteroid	asteroīds (v)	[asterɔi:ds]

orbit	orbīta (s)	[ɔrbi:ta]
to revolve	griezties ap	[griɛzties ap]
(~ around the Earth)		
atmosphere	atmosfēra (s)	[atmɔsfɛ:ra]

the Sun	Saule (s)	[saule]
solar system	Saules sistēma (s)	[saules sistɛ:ma]
solar eclipse	Saules aptumsums (v)	[saules aptumsums]

| the Earth | Zeme (s) | [zɛme] |
| the Moon | Mēness (v) | [mɛ:nes] |

Mars	Marss (v)	[mars]
Venus	Venēra (s)	[vɛnɛ:ra]
Jupiter	Jupiters (v)	[jupitɛrs]
Saturn	Saturns (v)	[saturns]

Mercury	Merkus (v)	[merkus]
Uranus	Urāns (v)	[ura:ns]
Neptune	Neptūns (v)	[neptu:ns]
Pluto	Plutons (v)	[plutɔns]

Milky Way	Piena ceļš (v)	[piɛna tseļʲʃ]
Great Bear (Ursa Major)	Lielais Lācis (v)	[liɛlais la:tsis]
North Star	Polārzvaigzne (s)	[pɔla:rzvaigzne]
Martian	marsietis (v)	[marsiɛtis]
extraterrestrial (n)	citplanētietis (v)	[tsitplane:tiɛtis]

alien	**atnācējs** (v)	[atna:tse:js]
flying saucer	**lidojošais šķīvis** (v)	[lidɔjɔʃais ʃťi:vis]
spaceship	**kosmiskais kuģis** (v)	[kɔsmiskais kudʲis]
space station	**orbitālā stacija** (s)	[ɔrbita:la: statsija]
blast-off	**starts** (v)	[starts]
engine	**dzinējs** (v)	[dzine:js]
nozzle	**sprausla** (s)	[sprausla]
fuel	**degviela** (s)	[degviɛla]
cockpit, flight deck	**kabīne** (s)	[kabi:ne]
antenna	**antena** (s)	[antɛna]
porthole	**iluminators** (v)	[iluminatɔrs]
solar panel	**saules baterija** (s)	[saules baterija]
spacesuit	**skafandrs** (v)	[skafandrs]
weightlessness	**bezsvara stāvoklis** (v)	[bezsvara sta:vɔklis]
oxygen	**skābeklis** (v)	[ska:beklis]
docking (in space)	**savienošanās** (s)	[saviɛnɔʃana:s]
to dock (vi, vt)	**savienoties**	[saviɛnɔtiɛs]
observatory	**observatorija** (s)	[ɔbservatɔrija]
telescope	**teleskops** (v)	[tɛleskɔps]
to observe (vt)	**novērot**	[nɔve:rɔt]
to explore (vt)	**pētīt**	[pe:ti:t]

75. The Earth

the Earth	**Zeme** (s)	[zɛme]
the globe (the Earth)	**zemeslode** (s)	[zɛmeslɔde]
planet	**planēta** (s)	[planɛ:ta]
atmosphere	**atmosfēra** (s)	[atmɔsfɛ:ra]
geography	**ģeogrāfija** (s)	[dʲeɔgra:fija]
nature	**daba** (s)	[daba]
globe (table ~)	**globuss** (v)	[glɔbus]
map	**karte** (s)	[karte]
atlas	**atlants** (v)	[atlants]
Europe	**Eiropa** (s)	[ɛirɔpa]
Asia	**Āzija** (s)	[a:zija]
Africa	**Āfrika** (s)	[a:frika]
Australia	**Austrālija** (s)	[austra:lija]
America	**Amerika** (s)	[amerika]
North America	**Ziemeļamerika** (s)	[ziɛmɛlʲamerika]
South America	**Dienvidamerika** (s)	[diɛnvidamerika]

| Antarctica | Antarktīda (s) | [antarkti:da] |
| the Arctic | Arktika (s) | [arktika] |

76. Cardinal directions

north	ziemeļi (v dsk)	[ziɛmelʲi]
to the north	uz ziemeļiem	[uz ziɛmelʲiɛm]
in the north	ziemeļos	[ziɛmelʲɔs]
northern (adj)	ziemeļu	[ziɛmɛlʲu]

south	dienvidi (v dsk)	[diɛnvidi]
to the south	uz dienvidiem	[uz diɛnvidiɛm]
in the south	dienvidos	[diɛnvidɔs]
southern (adj)	dienvidu	[diɛnvidu]

west	rietumi (v dsk)	[riɛtumi]
to the west	uz rietumiem	[uz riɛtumiɛm]
in the west	rietumos	[riɛtumɔs]
western (adj)	rietumu	[riɛtumu]

east	austrumi (v dsk)	[austrumi]
to the east	uz austrumiem	[uz austrumiɛm]
in the east	austrumos	[austrumɔs]
eastern (adj)	austrumu	[austrumu]

77. Sea. Ocean

sea	jūra (s)	[ju:ra]
ocean	okeāns (v)	[ɔkea:ns]
gulf (bay)	jūras līcis (v)	[ju:ras li:tsis]
straits	jūras šaurums (v)	[ju:ras ʃaurums]

land (solid ground)	sauszeme (s)	[sauszɛme]
continent (mainland)	kontinents (v)	[kɔntinents]
island	sala (s)	[sala]
peninsula	pussala (s)	[pusala]
archipelago	arhipelāgs (v)	[arxipɛla:gs]

bay, cove	līcis (v)	[li:tsis]
harbor	osta (s)	[ɔsta]
lagoon	lagūna (s)	[lagu:na]
cape	zemesrags (v)	[zɛmesrags]

atoll	atols (v)	[atɔls]
reef	rifs (v)	[rifs]
coral	korallis (v)	[kɔrallis]
coral reef	koraļļu rifs (v)	[kɔrallʲu rifs]
deep (adj)	dziļš	[dzilʲʃ]

depth (deep water)	dziļums (v)	[dziljums]
abyss	dzelme (s)	[dzelme]
trench (e.g., Mariana ~)	ieplaka (s)	[iɛplaka]

| current (Ocean ~) | straume (s) | [straume] |
| to surround (bathe) | apskalot | [apskalɔt] |

| shore | krasts (v) | [krasts] |
| coast | piekraste (s) | [piɛkraste] |

flow (flood tide)	paisums (v)	[paisums]
ebb (ebb tide)	bēgums (v)	[bɛ:gums]
shoal	sēklis (v)	[se:klis]
bottom (~ of the sea)	gultne (s)	[gultne]

wave	vilnis (v)	[vilnis]
crest (~ of a wave)	viļņa mugura (s)	[vilʲɲa mugura]
spume (sea foam)	putas (s)	[putas]

storm (sea storm)	vētra (s)	[ve:tra]
hurricane	viesulis (v)	[viɛsulis]
tsunami	cunami (v)	[tsunami]
calm (dead ~)	bezvējš (v)	[bezve:jʃ]
quiet, calm (adj)	mierīgs	[miɛri:gs]

| pole | pols (v) | [pɔls] |
| polar (adj) | polārais | [pɔla:rais] |

latitude	platums (v)	[platums]
longitude	garums (v)	[garums]
parallel	paralēle (s)	[paralɛ:le]
equator	ekvators (v)	[ekvatɔrs]

sky	debess (s)	[dɛbes]
horizon	horizonts (v)	[xɔrizɔnts]
air	gaiss (v)	[gais]

lighthouse	bāka (s)	[ba:ka]
to dive (vi)	nirt	[nirt]
to sink (ab. boat)	nogrimt	[nɔgrimt]
treasures	dārgumi (v dsk)	[da:rgumi]

78. Seas' and Oceans' names

Atlantic Ocean	Atlantijas okeāns (v)	[atlantijas ɔkea:ns]
Indian Ocean	Indijas okeāns (v)	[indijas ɔkea:ns]
Pacific Ocean	Klusais okeāns (v)	[klusais ɔkea:ns]
Arctic Ocean	Ziemeļu Ledus okeāns (v)	[ziɛmeļu lɛdus ɔkea:ns]
Black Sea	Melnā jūra (s)	[melna: ju:ra]

Red Sea	Sarkanā jūra (s)	[sarkana: ju:ra]
Yellow Sea	Dzeltenā jūra (s)	[dzeltɛna: ju:ra]
White Sea	Baltā jūra (s)	[balta: ju:ra]

Caspian Sea	Kaspijas jūra (s)	[kaspijas ju:ra]
Dead Sea	Nāves jūra (s)	[na:ves ju:ra]
Mediterranean Sea	Vidusjūra (s)	[vidusju:ra]

| Aegean Sea | Egejas jūra (s) | [ɛgejas ju:ra] |
| Adriatic Sea | Adrijas jūra (s) | [adrijas ju:ra] |

Arabian Sea	Arābijas jūra (s)	[ara:bijas ju:ra]
Sea of Japan	Japāņu jūra (s)	[japa:ɲu ju:ra]
Bering Sea	Beringa jūra (s)	[beriŋga ju:ra]
South China Sea	Dienvidķīnas jūra (s)	[diɛnvidtʲi:nas ju:ra]

Coral Sea	Koraļļu jūra (s)	[kɔrallʲu ju:ra]
Tasman Sea	Tasmāna jūra (s)	[tasma:na ju:ra]
Caribbean Sea	Karību jūra (s)	[kari:bu ju:ra]

| Barents Sea | Barenca jūra (s) | [barentsa ju:ra] |
| Kara Sea | Karas jūra (s) | [karas ju:ra] |

North Sea	Ziemeļjūra (s)	[ziɛmelʲju:ra]
Baltic Sea	Baltijas jūra (s)	[baltijas ju:ra]
Norwegian Sea	Norvēģu jūra (s)	[nɔrvɛ:dʲu ju:ra]

79. Mountains

mountain	kalns (v)	[kalns]
mountain range	kalnu virkne (s)	[kalnu virkne]
mountain ridge	kalnu grēda (s)	[kalnu grɛ:da]

summit, top	virsotne (s)	[virsɔtne]
peak	smaile (s)	[smaile]
foot (~ of the mountain)	pakāje (s)	[paka:je]
slope (mountainside)	nogāze (s)	[nɔga:ze]

volcano	vulkāns (v)	[vulka:ns]
active volcano	darvojošais vulkāns (v)	[darvɔjɔʃais vulka:ns]
dormant volcano	nodzisušais vulkāns (v)	[nɔdzisuʃais vulka:ns]

eruption	izvirdums (v)	[izvirdums]
crater	krāteris (v)	[kra:teris]
magma	magma (s)	[magma]
lava	lava (s)	[lava]
molten (~ lava)	karstais	[karstais]

| canyon | kanjons (v) | [kanjɔns] |
| gorge | aiza (s) | [aiza] |

| crevice | **plaisa** (s) | [plaisa] |
| abyss (chasm) | **bezdibenis** (v) | [bezdibenis] |

pass, col	**pāreja** (s)	[pa:reja]
plateau	**plato** (v)	[platɔ]
cliff	**klints** (s)	[klints]
hill	**pakalns** (v)	[pakalns]

glacier	**ledājs** (v)	[lɛda:js]
waterfall	**ūdenskritums** (v)	[u:denskritums]
geyser	**geizers** (v)	[gɛizɛrs]
lake	**ezers** (v)	[ɛzɛrs]

plain	**līdzenums** (v)	[li:dzenums]
landscape	**ainava** (s)	[ainava]
echo	**atbalss** (s)	[atbals]

alpinist	**alpīnists** (v)	[alpi:nists]
rock climber	**klinšu kāpējs** (v)	[klinʃu ka:pe:js]
to conquer (in climbing)	**iekarot**	[iɛkarɔt]
climb (an easy ~)	**uzkāpšana** (s)	[uzka:pʃana]

80. Mountains names

The Alps	**Alpi** (v dsk)	[alpi]
Mont Blanc	**Monblāns** (v)	[mɔnbla:ns]
The Pyrenees	**Pireneji** (v dsk)	[pirɛneji]

The Carpathians	**Karpati** (v dsk)	[karpati]
The Ural Mountains	**Urālu kalni** (v dsk)	[ura:lu kalni]
The Caucasus Mountains	**Kaukāzs** (v)	[kauka:zs]
Mount Elbrus	**Elbruss** (v)	[elbrus]

The Altai Mountains	**Altaja kalni** (v)	[altaja kalni]
The Tian Shan	**Tjanšana kalni** (v)	[tjanʃana kalni]
The Pamir Mountains	**Pamirs** (v)	[pamirs]
The Himalayas	**Himalaji** (v dsk)	[ximalaji]
Mount Everest	**Everests** (v)	[ɛvɛrests]

| The Andes | **Andu kalni** (v dsk) | [andu kalni] |
| Mount Kilimanjaro | **Kilimandžaro** (v) | [kilimandʒarɔ] |

81. Rivers

river	**upe** (s)	[upe]
spring (natural source)	**ūdens avots** (v)	[u:dens avɔts]
riverbed (river channel)	**gultne** (s)	[gultne]
basin (river valley)	**upes baseins** (v)	[upes basɛins]

to flow into ...	ieplūst ...	[iɛpluːst ...]
tributary	pieteka (s)	[piɛtɛka]
bank (of river)	krasts (v)	[krasts]

current (stream)	straume (s)	[straume]
downstream (adv)	plūsmas lejtecē	[pluːsmas lejtetse:]
upstream (adv)	plūsmas augštecē	[pluːsmas augʃtetse:]

inundation	plūdi (v dsk)	[pluːdi]
flooding	pali (v dsk)	[pali]
to overflow (vi)	pārplūst	[paːrpluːst]
to flood (vt)	appludināt	[appludinaːt]

| shallow (shoal) | sēklis (v) | [seːklis] |
| rapids | krāce (s) | [kraːtse] |

dam	dambis (v)	[dambis]
canal	kanāls (v)	[kanaːls]
reservoir (artificial lake)	ūdenskrātuve (s)	[uːdenskraːtuve]
sluice, lock	slūžas (s)	[sluːʒas]

water body (pond, etc.)	ūdenstilpe (s)	[uːdenstilpe]
swamp (marshland)	purvs (v)	[purvs]
bog, marsh	staignājs (v)	[staignaːjs]
whirlpool	virpulis (v)	[virpulis]

stream (brook)	strauts (v)	[strauts]
drinking (ab. water)	dzeramais	[dzɛramais]
fresh (~ water)	sājš	[saːjʃ]

| ice | ledus (v) | [lɛdus] |
| to freeze over (ab. river, etc.) | aizsalt | [aizsalt] |

82. Rivers' names

| Seine | Sēna (s) | [sɛːna] |
| Loire | Luāra (s) | [luaːra] |

Thames	Temza (s)	[temza]
Rhine	Reina (s)	[rɛina]
Danube	Donava (s)	[dɔnava]

Volga	Volga (s)	[vɔlga]
Don	Dona (s)	[dɔna]
Lena	Ļena (s)	[lʲɛna]

Yellow River	Huanhe (s)	[xuanxe]
Yangtze	Jandzi (s)	[jandzi]
Mekong	Mekonga (s)	[mekɔŋga]

Ganges	Ganga (s)	[ganga]
Nile River	Nīla (s)	[ni:la]
Congo River	Kongo (s)	[kɔngɔ]
Okavango River	Okavango (s)	[ɔkavangɔ]
Zambezi River	Zambezi (s)	[zambezi]
Limpopo River	Limpopo (s)	[limpɔpɔ]
Mississippi River	Misisipi (s)	[misisipi]

83. Forest

forest, wood	mežs (v)	[meʒs]
forest (as adj)	meža	[meʒa]

thick forest	meža biezoknis (v)	[meʒa biɛzɔknis]
grove	birze (s)	[birze]
forest clearing	nora (s)	[nɔra]

thicket	krūmājs (v)	[kru:ma:js]
scrubland	krūmi (v dsk)	[kru:mi]

footpath (trɔddenpath)	taciņa (s)	[tatsiɲa]
gully	grava (s)	[grava]

tree	koks (v)	[kɔks]
leaf	lapa (s)	[lapa]
leaves (foliage)	lapas (s dsk)	[lapas]

fall of leaves	lapkritis (v)	[lapkritis]
to fall (ab. leaves)	lapas krīt	[lapas kri:t]
top (of the tree)	virsotne (s)	[virsɔtne]

branch	zariņš (v)	[zariɲʃ]
bough	zars (v)	[zars]
bud (on shrub, tree)	pumpurs (v)	[pumpurs]
needle (of pine tree)	skuja (s)	[skuja]
pine cone	čiekurs (v)	[tʃiɛkurs]

hollow (in a tree)	dobums (v)	[dɔbums]
nest	ligzda (s)	[ligzda]
burrow (animal hole)	ala (s)	[ala]

trunk	stumbrs (v)	[stumbrs]
root	sakne (s)	[sakne]
bark	miza (s)	[miza]
moss	sūna (s)	[su:na]

to uproot (remove trees or tree stumps)	atcelmot	[attselmɔt]
to chop down	cirst	[tsirst]
to deforest (vt)	izcirst	[iztsirst]

173

tree stump	celms (v)	[tselms]
campfire	ugunskurs (v)	[ugunskurs]
forest fire	ugunsgrēks (v)	[ugunsgre:ks]
to extinguish (vt)	dzēst	[dze:st]

forest ranger	mežinieks (v)	[meʒiniɛks]
protection	augu aizsargāšana (s)	[augu aizsarga:ʃana]
to protect (~ nature)	dabas aizsardzība	[dabas aizsardzi:ba]
poacher	malumednieks (v)	[malumedniɛks]
steel trap	lamatas (s dsk)	[lamatas]

to pick (mushrooms)	sēņot	[se:ɲot]
to pick (berries)	ogot	[ɔgɔt]
to lose one's way	apmaldīties	[apmaldi:tiɛs]

84. Natural resources

natural resources	dabas resursi (v dsk)	[dabas rɛsursi]
minerals	derīgie izrakteņi (v dsk)	[deri:giɛ izraktɛɲi]
deposits	iegulumi (v dsk)	[iɛgulumi]
field (e.g., oilfield)	atradne (s)	[atradne]

to mine (extract)	iegūt rūdu	[iɛgu:t ru:du]
mining (extraction)	ieguve (s)	[iɛguve]
ore	rūda (s)	[ru:da]
mine (e.g., for coal)	raktuve (s)	[raktuve]
shaft (mine ~)	šahta (s)	[ʃaxta]
miner	ogļracis (v)	[ɔglʲratsis]

| gas (natural ~) | gāze (s) | [ga:ze] |
| gas pipeline | gāzes vads (v) | [ga:zes vads] |

oil (petroleum)	nafta (s)	[nafta]
oil pipeline	naftas vads (v)	[naftas vads]
oil well	naftas tornis (v)	[naftas tɔrnis]
derrick (tower)	urbjtornis (v)	[urbjtornis]
tanker	tankkuģis (v)	[tankkudʲis]

sand	smiltis (s dsk)	[smiltis]
limestone	kaļķakmens (v)	[kalʲtʲakmens]
gravel	grants (s)	[grants]
peat	kūdra (s)	[ku:dra]
clay	māls (v)	[ma:ls]
coal	ogles (s dsk)	[ɔgles]

iron (ore)	dzelzs (s)	[dzelzs]
gold	zelts (v)	[zelts]
silver	sudrabs (v)	[sudrabs]
nickel	niķelis (v)	[nitʲelis]
copper	varš (v)	[varʃ]

zinc	cinks (v)	[tsinks]
manganese	mangāns (v)	[maŋga:ns]
mercury	dzīvsudrabs (v)	[dzi:vsudrabs]
lead	svins (v)	[svins]

mineral	minerāls (v)	[minɛra:ls]
crystal	kristāls (v)	[krista:ls]
marble	marmors (v)	[marmɔrs]
uranium	urāns (v)	[ura:ns]

85. Weather

weather	laiks (v)	[laiks]
weather forecast	laika prognoze (s)	[laika prɔgnɔze]
temperature	temperatūra (s)	[tempɛratu:ra]
thermometer	termometrs (v)	[termɔmetrs]
barometer	barometrs (v)	[barɔmetrs]

humid (adj)	mitrs	[mitrs]
humidity	mitrums (v)	[mitrums]
heat (extreme ~)	tveice (s)	[tvɛitse]
hot (torrid)	karsts	[karsts]
it's hot	karsts laiks	[karsts laiks]

| it's warm | silts laiks | [silts laiks] |
| warm (moderately hot) | silts | [silts] |

| it's cold | auksts laiks | [auksts laiks] |
| cold (adj) | auksts | [auksts] |

sun	saule (s)	[saule]
to shine (vi)	spīd saule	[spi:d saule]
sunny (day)	saulains	[saulains]
to come up (vi)	uzlēkt	[uzle:kt]
to set (vi)	rietēt	[riɛte:t]

cloud	mākonis (v)	[ma:kɔnis]
cloudy (adj)	mākoņains	[ma:kɔɲains]
rain cloud	melns mākonis (v)	[melns ma:kɔnis]
somber (gloomy)	apmācies	[apma:tsiɛs]

rain	lietus (v)	[liɛtus]
it's raining	līst lietus	[li:st liɛtus]
rainy (~ day, weather)	lietains	[liɛtains]
to drizzle (vi)	smidzina	[smidzina]

pouring rain	stiprs lietus (v)	[stiprs liɛtus]
downpour	lietusgāze (s)	[liɛtusga:ze]
heavy (e.g., ~ rain)	stiprs	[stiprs]
puddle	peļķe (s)	[pelʲtʲe]

to get wet (in rain)	samirkt	[samirkt]
fog (mist)	migla (s)	[migla]
foggy	miglains	[miglains]
snow	sniegs (v)	[sniɛgs]
it's snowing	krīt sniegs	[kri:t sniɛgs]

86. Severe weather. Natural disasters

thunderstorm	pērkona negaiss (v)	[pe:rkɔna nɛgais]
lightning (~ strike)	zibens (v)	[zibens]
to flash (vi)	zibēt	[zibe:t]

thunder	pērkons (v)	[pe:rkɔns]
to thunder (vi)	dārdēt	[da:rde:t]
it's thundering	dārd pērkons	[da:rd pe:rkɔns]

| hail | krusa (s) | [krusa] |
| it's hailing | krīt krusa | [kri:t krusa] |

| to flood (vt) | appludināt | [appludina:t] |
| flood, inundation | ūdens plūdi (v dsk) | [u:dens plu:di] |

earthquake	zemestrīce (s)	[zɛmestri:tse]
tremor, quake	trieciens (v)	[triɛtsiɛns]
epicenter	epicentrs (v)	[epitsentrs]

| eruption | izvirdums (v) | [izvirdums] |
| lava | lava (s) | [lava] |

twister	virpuļvētra (s)	[virpulʲve:tra]
tornado	tornado (v)	[tɔrnadɔ]
typhoon	taifūns (v)	[taifu:ns]

hurricane	viesulis (v)	[viɛsulis]
storm	vētra (s)	[ve:tra]
tsunami	cunami (v)	[tsunami]

cyclone	ciklons (v)	[tsiklɔns]
bad weather	slikts laiks (v)	[slikts laiks]
fire (accident)	ugunsgrēks (v)	[ugunsgre:ks]
disaster	katastrofa (s)	[katastrofa]
meteorite	meteorīts (v)	[mɛteɔri:ts]

avalanche	lavīna (s)	[lavi:na]
snowslide	sniega gāze (s)	[sniɛga ga:ze]
blizzard	sniegputenis (v)	[sniɛgputenis]
snowstorm	sniega vētra (s)	[sniɛga ve:tra]

FAUNA

T&P Books Publishing

87. Mammals. Predators

predator	plēsoņa (s)	[ple:sɔɲa]
tiger	tīģeris (v)	[ti:dʲeris]
lion	lauva (s)	[lauva]
wolf	vilks (v)	[vilks]
fox	lapsa (s)	[lapsa]
jaguar	jaguārs (v)	[jagua:rs]
leopard	leopards (v)	[leɔpards]
cheetah	gepards (v)	[gɛpards]
black panther	pantera (s)	[pantɛra]
puma	puma (s)	[puma]
snow leopard	sniega leopards (v)	[sniɛga leɔpards]
lynx	lūsis (v)	[lu:sis]
coyote	koijots (v)	[kɔijɔts]
jackal	šakālis (v)	[ʃaka:lis]
hyena	hiēna (s)	[xiɛ:na]

88. Wild animals

animal	dzīvnieks (v)	[dzi:vniɛks]
beast (animal)	zvērs (v)	[zvɛ:rs]
squirrel	vāvere (s)	[va:vɛre]
hedgehog	ezis (v)	[ɛzis]
hare	zaķis (v)	[zatʲis]
rabbit	trusis (v)	[trusis]
badger	āpsis (v)	[a:psis]
raccoon	jenots (v)	[jenɔts]
hamster	kāmis (v)	[ka:mis]
marmot	murkšķis (v)	[murkʃtʲis]
mole	kurmis (v)	[kurmis]
mouse	pele (s)	[pɛle]
rat	žurka (s)	[ʒurka]
bat	sikspārnis (v)	[sikspa:rnis]
ermine	sermulis (v)	[sermulis]
sable	sabulis (v)	[sabulis]
marten	cauna (s)	[tsauna]

| weasel | zebiekste (s) | [zebiɛkste] |
| mink | ūdele (s) | [u:dɛle] |

| beaver | bebrs (v) | [bebrs] |
| otter | ūdrs (v) | [u:drs] |

horse	zirgs (v)	[zirgs]
moose	alnis (v)	[alnis]
deer	briedis (v)	[briɛdis]
camel	kamielis (v)	[kamiɛlis]

bison	bizons (v)	[bizɔns]
aurochs	sumbrs (v)	[sumbrs]
buffalo	bifelis (v)	[bifelis]

zebra	zebra (s)	[zebra]
antelope	antilope (s)	[antilɔpe]
roe deer	stirna (s)	[stirna]
fallow deer	dambriedis (v)	[dambriɛdis]
chamois	kalnu kaza (s)	[kalnu kaza]
wild boar	mežacūka (s)	[meʒatsu:ka]

whale	valis (v)	[valis]
seal	ronis (v)	[rɔnis]
walrus	valzirgs (v)	[valzirgs]
fur seal	kotiks (v)	[kɔtiks]
dolphin	delfīns (v)	[delfi:ns]

bear	lācis (v)	[la:tsis]
polar bear	baltais lācis (v)	[baltais la:tsis]
panda	panda (s)	[panda]

monkey	pērtiķis (v)	[pe:rtitʲis]
chimpanzee	šimpanze (s)	[ʃimpanze]
orangutan	orangutāns (v)	[ɔraŋguta:ns]
gorilla	gorilla (s)	[gɔrilla]
macaque	makaks (v)	[makaks]
gibbon	gibons (v)	[gibɔns]

| elephant | zilonis (v) | [zilɔnis] |
| rhinoceros | degunradzis (v) | [dɛgunradzis] |

| giraffe | žirafe (s) | [ʒirafe] |
| hippopotamus | nīlzirgs (v) | [ni:lzirgs] |

| kangaroo | ķengurs (v) | [tʲeŋgurs] |
| koala (bear) | koala (s) | [kɔala] |

mongoose	mangusts (v)	[maŋgusts]
chinchilla	šinšilla (s)	[ʃinʃilla]
skunk	skunkss (v)	[skunks]
porcupine	dzeloņcūka (s)	[dzelɔɲtsu:ka]

89. Domestic animals

cat	kaķis (v)	[katʲis]
tomcat	runcis (v)	[runtsis]
dog	suns (v)	[suns]
horse	zirgs (v)	[zirgs]
stallion (male horse)	ērzelis (v)	[eːrzelis]
mare	ķēve (s)	[tʲɛːve]
cow	govs (s)	[gɔvs]
bull	bullis (v)	[bullis]
ox	vērsis (v)	[vɛːrsis]
sheep (ewe)	aita (s)	[aita]
ram	auns (v)	[auns]
goat	kaza (s)	[kaza]
billy goat, he-goat	āzis (v)	[aːzis]
donkey	ēzelis (v)	[ɛːzelis]
mule	mūlis (v)	[muːlis]
pig, hog	cūka (s)	[tsuːka]
piglet	sivēns (v)	[siveːns]
rabbit	trusis (v)	[trusis]
hen (chicken)	vista (s)	[vista]
rooster	gailis (v)	[gailis]
duck	pīle (s)	[piːle]
drake	pīļtēviņš (v)	[piːlʲteːviɲʃ]
goose	zoss (s)	[zɔs]
tom turkey, gobbler	tītars (v)	[tiːtars]
turkey (hen)	tītaru mātīte (s)	[tiːtaru maːtiːte]
domestic animals	mājdzīvnieki (v dsk)	[maːjdziːvniɛki]
tame (e.g., ~ hamster)	pieradināts	[piɛradinaːts]
to tame (vt)	pieradināt	[piɛradinaːt]
to breed (vt)	audzēt	[audzeːt]
farm	saimniecība (s)	[saimniɛtsiːba]
poultry	mājputni (v dsk)	[maːjputni]
cattle	liellopi (v dsk)	[liɛllɔpi]
herd (cattle)	ganāmpulks (v)	[ganaːmpulks]
stable	zirgu stallis (v)	[zirgu stallis]
pigpen	cūkkūts (s)	[tsuːkkuːts]
cowshed	kūts (s)	[kuːts]
rabbit hutch	trušu būda (s)	[truʃu buːda]
hen house	vistu kūts (s)	[vistu kuːts]

90. Birds

bird	putns (v)	[putns]
pigeon	balodis (v)	[balɔdis]
sparrow	zvirbulis (v)	[zvirbulis]
tit (great tit)	zīlīte (s)	[ziːliːte]
magpie	žagata (s)	[ʒagata]

raven	krauklis (v)	[krauklis]
crow	vārna (s)	[vaːrna]
jackdaw	kovārnis (v)	[kɔvaːrnis]
rook	krauķis (v)	[krautʲis]

duck	pīle (s)	[piːle]
goose	zoss (s)	[zɔs]
pheasant	fazāns (v)	[fazaːns]

eagle	ērglis (v)	[eːrglis]
hawk	vanags (v)	[vanags]
falcon	piekūns (v)	[pieku:ns]
vulture	grifs (v)	[grifs]
condor (Andean ~)	kondors (v)	[kɔndɔrs]

swan	gulbis (v)	[gulbis]
crane	dzērve (s)	[dze:rve]
stork	stārķis (v)	[staːrtʲis]

parrot	papagailis (v)	[papagailis]
hummingbird	kolibri (v)	[kɔlibri]
peacock	pāvs (v)	[paːvs]

ostrich	strauss (v)	[straus]
heron	gārnis (v)	[gaːrnis]
flamingo	flamings (v)	[flamiŋgs]
pelican	pelikāns (v)	[pelikaːns]

nightingale	lakstīgala (s)	[laksti:gala]
swallow	bezdelīga (s)	[bezdeli:ga]

thrush	strazds (v)	[strazds]
song thrush	dziedātājstrazds (v)	[dzieda:ta:jstrazds]
blackbird	melnais strazds (v)	[melnais strazds]

swift	svīre (s)	[sviːre]
lark	cīrulis (v)	[tsiːrulis]
quail	paipala (s)	[paipala]

woodpecker	dzenis (v)	[dzenis]
cuckoo	dzeguze (s)	[dzɛguze]
owl	pūce (s)	[puːtse]
eagle owl	ūpis (v)	[uːpis]

wood grouse	mednis (v)	[mednis]
black grouse	rubenis (v)	[rubenis]
partridge	irbe (s)	[irbe]

starling	mājas strazds (v)	[ma:jas strazds]
canary	kanārijputniņš (v)	[kana:rijputniɲʃ]
hazel grouse	meža irbe (s)	[meʒa irbe]
chaffinch	žubīte (s)	[ʒubi:te]
bullfinch	svilpis (v)	[svilpis]

seagull	kaija (s)	[kaija]
albatross	albatross (v)	[albatrɔs]
penguin	pingvīns (v)	[piŋgvi:ns]

91. Fish. Marine animals

bream	plaudis (v)	[plaudis]
carp	karpa (s)	[karpa]
perch	asaris (v)	[asaris]
catfish	sams (v)	[sams]
pike	līdaka (s)	[li:daka]

| salmon | lasis (v) | [lasis] |
| sturgeon | store (s) | [store] |

herring	siļķe (s)	[silʲtʲe]
Atlantic salmon	lasis (v)	[lasis]
mackerel	skumbrija (s)	[skumbrija]
flatfish	bute (s)	[bute]

zander, pike perch	zandarts (v)	[zandarts]
cod	menca (s)	[mentsa]
tuna	tuncis (v)	[tuntsis]
trout	forele (s)	[forɛle]

eel	zutis (v)	[zutis]
electric ray	elektriskā raja (s)	[ɛlektriska: raja]
moray eel	murēna (s)	[murɛ:na]
piranha	piraija (s)	[piraija]

shark	haizivs (s)	[xaizivs]
dolphin	delfīns (v)	[delfi:ns]
whale	valis (v)	[valis]

crab	krabis (v)	[krabis]
jellyfish	medūza (s)	[mɛdu:za]
octopus	astoņkājis (v)	[astɔɲka:jis]

| starfish | jūras zvaigzne (s) | [ju:ras zvaigzne] |
| sea urchin | jūras ezis (v) | [ju:ras ezis] |

seahorse	jūras zirdziņš (v)	[ju:ras zirdziɲ]
oyster	austere (s)	[austɛre]
shrimp	garnele (s)	[garnɛle]
lobster	omārs (v)	[ɔma:rs]
spiny lobster	langusts (v)	[laŋgusts]

92. Amphibians. Reptiles

| snake | čūska (s) | [tʃu:ska] |
| venomous (snake) | indīga | [indi:ga] |

viper	odze (s)	[ɔdze]
cobra	kobra (s)	[kɔbra]
python	pitons (v)	[pitɔns]
boa	žņaudzējčūska (s)	[ʒɲaudze:jtʃu:ska]

grass snake	zalktis (v)	[zalktis]
rattle snake	klaburčūska (s)	[klaburtʃu:ska]
anaconda	anakonda (s)	[anakɔnda]

lizard	ķirzaka (s)	[tⁱirzaka]
iguana	iguāna (s)	[igua:na]
monitor lizard	varāns (v)	[vara:ns]
salamander	salamandra (s)	[salamandra]
chameleon	hameleons (v)	[xamɛleɔns]
scorpion	skorpions (v)	[skɔrpiɔns]

turtle	bruņurupucis (v)	[bruɲuruputsis]
frog	varde (s)	[varde]
toad	krupis (v)	[krupis]
crocodile	krokodils (v)	[krɔkɔdils]

93. Insects

insect, bug	kukainis (v)	[kukainis]
butterfly	taurenis (v)	[taurenis]
ant	skudra (s)	[skudra]
fly	muša (s)	[muʃa]
mosquito	ods (v)	[ɔds]
beetle	vabole (s)	[vabɔle]

wasp	lapsene (s)	[lapsɛne]
bee	bite (s)	[bite]
bumblebee	kamene (s)	[kamɛne]
gadfly (botfly)	dundurs (v)	[dundurs]

| spider | zirneklis (v) | [zirneklis] |
| spiderweb | zirnekļtīkls (v) | [zirneklⁱti:kls] |

dragonfly	spāre (s)	[spaːre]
grasshopper	sienāzis (v)	[sicnaːzis]
moth (night butterfly)	tauriņš (v)	[tauriɲʃ]
cockroach	prusaks (v)	[prusaks]
tick	ērce (s)	[eːrtse]
flea	blusa (s)	[blusa]
midge	knislis (v)	[knislis]
locust	sisenis (v)	[sisenis]
snail	gliemezis (v)	[glicmezis]
cricket	circenis (v)	[tsirtsenis]
lightning bug	jāņtārpiņš (v)	[jaːɲtaːrpiɲʃ]
ladybug	mārīte (s)	[maːriːte]
cockchafer	maijvabole (s)	[maijvabɔle]
leech	dēle (s)	[dɛːle]
caterpillar	kāpurs (v)	[kaːpurs]
earthworm	tārps (v)	[taːrps]
larva	kāpurs (v)	[kaːpurs]

FLORA

T&P Books Publishing

tree	koks (v)	[kɔks]
deciduous (adj)	lapu koks	[lapu kɔks]
coniferous (adj)	skujkoks	[skujkɔks]
evergreen (adj)	mūžzaļš	[muːʒzalʲʃ]
apple tree	ābele (s)	[aːbɛle]
pear tree	bumbiere (s)	[bumbiɛre]
sweet cherry tree	saldais ķirsis (v)	[saldais tʲirsis]
sour cherry tree	skābais ķirsis (v)	[skaːbais tʲirsis]
plum tree	plūme (s)	[pluːme]
birch	bērzs (v)	[beːrzs]
oak	ozols (v)	[ɔzɔls]
linden tree	liepa (s)	[liɛpa]
aspen	apse (s)	[apse]
maple	kļava (s)	[klʲava]
spruce	egle (s)	[egle]
pine	priede (s)	[priɛde]
larch	lapegle (s)	[lapegle]
fir tree	dižegle (s)	[diʒegle]
cedar	ciedrs (v)	[tsiɛdrs]
poplar	papele (s)	[papɛle]
rowan	pīlādzis (v)	[piːlaːdzis]
willow	vītols (v)	[viːtɔls]
alder	alksnis (v)	[alksnis]
beech	dižskābardis (v)	[diʒskaːbardis]
elm	vīksna (s)	[viːksna]
ash (tree)	osis (v)	[ɔsis]
chestnut	kastaņa (s)	[kastaɲa]
magnolia	magnolija (s)	[magnɔlija]
palm tree	palma (s)	[palma]
cypress	ciprese (s)	[tsiprɛse]
mangrove	mango koks (v)	[maŋgɔ kɔks]
baobab	baobabs (v)	[baɔbabs]
eucalyptus	eikalipts (v)	[ɛikalipts]
sequoia	sekvoja (s)	[sekvɔja]

95. Shrubs

| bush | Krūms (v) | [kru:ms] |
| shrub | krūmājs (v) | [kru:ma:js] |

| grapevine | vīnogas (v) | [vi:nɔgas] |
| vineyard | vīnogulājs (v) | [vi:nɔgula:js] |

raspberry bush	avenājs (v)	[avɛna:js]
blackcurrant bush	upeņu krūms (v)	[upɛɲu kru:ms]
redcurrant bush	sarkano jāņogu krūms (v)	[sarkanɔ ja:ɲɔgu kru:ms]
gooseberry bush	ērkšķogu krūms (v)	[e:rkʃtⁱɔgu kru:ms]

acacia	akācija (s)	[aka:tsija]
barberry	bārbele (s)	[ba:rbɛle]
jasmine	jasmīns (v)	[jasmi:ns]

juniper	kadiķis (v)	[kaditⁱis]
rosebush	rožu krūms (v)	[rɔʒu kru:ms]
dog rose	mežroze (s)	[meʒrɔze]

96. Fruits. Berries

fruit	auglis (v)	[auglis]
fruits	augļi (v dsk)	[auglⁱi]
apple	ābols (v)	[a:bɔls]
pear	bumbieris (v)	[bumbiɛris]
plum	plūme (s)	[plu:me]

strawberry (garden ~)	zemene (s)	[zɛmɛne]
sour cherry	skābais ķirsis (v)	[ska:bais tⁱirsis]
sweet cherry	saldais ķirsis (v)	[saldais tⁱirsis]
grape	vīnoga (s)	[vi:nɔga]

raspberry	avene (s)	[avɛne]
blackcurrant	upene (s)	[upɛne]
redcurrant	sarkanā jāņoga (s)	[sarkana: ja:ɲɔga]
gooseberry	ērkšķoga (s)	[e:rkʃtⁱɔga]
cranberry	dzērvene (s)	[dze:rvɛne]

orange	apelsīns (v)	[apɛlsi:ns]
mandarin	mandarīns (v)	[mandari:ns]
pineapple	ananāss (v)	[anana:s]
banana	banāns (v)	[bana:ns]
date	datele (s)	[datɛle]

lemon	citrons (v)	[tsitrɔns]
apricot	aprikoze (s)	[aprikoze]
peach	persiks (v)	[pɛrsiks]

| kiwi | kivi (v) | [kivi] |
| grapefruit | greipfrūts (v) | [grɛipfru:ts] |

berry	oga (s)	[ɔga]
berries	ogas (s dsk)	[ɔgas]
cowberry	brūklene (s)	[bru:klɛne]
wild strawberry	meža zemene (s)	[meʒa zɛmɛne]
bilberry	mellene (s)	[mellɛne]

97. Flowers. Plants

| flower | zieds (v) | [ziɛds] |
| bouquet (of flowers) | ziedu pušķis (v) | [ziɛdu puʃtʲis] |

rose (flower)	roze (s)	[rɔze]
tulip	tulpe (s)	[tulpe]
carnation	neļķe (s)	[nelʲtʲe]
gladiolus	gladiola (s)	[gladiɔla]

cornflower	rudzupuķīte (s)	[rudzuputʲi:te]
harebell	pulkstenīte (s)	[pulksteni:te]
dandelion	pienenīte (s)	[piɛneni:te]
camomile	kumelīte (s)	[kumeli:te]

aloe	alveja (s)	[alveja]
cactus	kaktuss (v)	[kaktus]
rubber plant, ficus	gumijkoks (v)	[gumijkɔks]

lily	lilija (s)	[lilija]
geranium	ģerānija (s)	[dʲɛra:nija]
hyacinth	hiacinte (s)	[xiatsinte]

mimosa	mimoza (s)	[mimɔza]
narcissus	narcise (s)	[nartsise]
nasturtium	krese (s)	[krɛse]

orchid	orhideja (s)	[ɔrxideja]
peony	pujene (s)	[pujene]
violet	vijolīte (s)	[vijɔli:te]

pansy	atraitnītes (s dsk)	[atraitni:tes]
forget-me-not	neaizmirstule (s)	[neaizmirstule]
daisy	margrietiņa (s)	[margriɛtiɲa]

poppy	magone (s)	[magɔne]
hemp	kaņepe (s)	[kaɲɛpe]
mint	mētra (s)	[me:tra]

| lily of the valley | maijpuķīte (s) | [maijputʲi:te] |
| snowdrop | sniegpulkstenīte (s) | [sniɛgpulksteni:te] |

nettle	nātre (s)	[na:tre]
sorrel	skābene (s)	[ska:bɛne]
water lily	ūdensroze (s)	[u:densrɔze]
fern	paparde (s)	[paparde]
lichen	ķērpis (v)	[tʲe:rpis]

greenhouse (tropical ~)	oranžērija (s)	[ɔranʒe:rija]
lawn	zālājs (v)	[za:la:js]
flowerbed	puķu dobe (s)	[putʲu dɔbe]

plant	augs (v)	[augs]
grass	zāle (s)	[za:le]
blade of grass	zālīte (s)	[za:li:te]

leaf	lapa (s)	[lapa]
petal	lapiņa (s)	[lapiɲa]
stem	stiebrs (v)	[stiɛbrs]
tuber	bumbulis (v)	[bumbulis]

| young plant (shoot) | dīglis (v) | [di:glis] |
| thorn | ērkšķis (v) | [e:rkʃtʲis] |

to blossom (vi)	ziedēt	[ziɛde:t]
to fade, to wither	novīt	[nɔvi:t]
smell (odor)	smarža (s)	[smarʒa]
to cut (flowers)	nogriezt	[nɔgriɛzt]
to pick (a flower)	noplūkt	[nɔplu:kt]

98. Cereals, grains

grain	graudi (v dsk)	[graudi]
cereal crops	graudaugi (v dsk)	[graudaugi]
ear (of barley, etc.)	vārpa (s)	[va:rpa]

wheat	kvieši (v dsk)	[kviɛʃi]
rye	rudzi (v dsk)	[rudzi]
oats	auzas (s dsk)	[auzas]

| millet | prosa (s) | [prɔsa] |
| barley | mieži (v dsk) | [miɛʒi] |

corn	kukurūza (s)	[kukuru:za]
rice	rīsi (v dsk)	[ri:si]
buckwheat	griķi (v dsk)	[gritʲi]

pea plant	zirnis (v)	[zirnis]
kidney bean	pupiņas (s dsk)	[pupiɲas]
soy	soja (s)	[sɔja]
lentil	lēcas (s dsk)	[le:tsas]
beans (pulse crops)	pupas (s dsk)	[pupas]

COUNTRIES OF
THE WORLD

T&P Books Publishing

Afghanistan	**Afganistāna** (s)	[afganista:na]
Albania	**Albānija** (s)	[alba:nija]
Argentina	**Argentīna** (s)	[argenti:na]
Armenia	**Armēnija** (s)	[arme:nija]
Australia	**Austrālija** (s)	[austra:lija]
Austria	**Austrija** (s)	[austrija]
Azerbaijan	**Azerbaidžāna** (s)	[azerbaidʒa:na]
The Bahamas	**Bahamu salas** (s dsk)	[baxamu salas]
Bangladesh	**Bangladeša** (s)	[baŋgladeʃa]
Belarus	**Baltkrievija** (s)	[baltkriɛvija]
Belgium	**Beļģija** (s)	[belʲdʲija]
Bolivia	**Bolīvija** (s)	[bɔli:vija]
Bosnia and Herzegovina	**Bosnija un Hercegovina** (s)	[bɔsnija un xertsegɔvina]
Brazil	**Brazīlija** (s)	[brazi:lija]
Bulgaria	**Bulgārija** (s)	[bulga:rija]
Cambodia	**Kambodža** (s)	[kambɔdʒa]
Canada	**Kanāda** (s)	[kana:da]
Chile	**Čīle** (s)	[tʃi:le]
China	**Ķīna** (s)	[tʲi:na]
Colombia	**Kolumbija** (s)	[kɔlumbija]
Croatia	**Horvātija** (s)	[xɔrva:tija]
Cuba	**Kuba** (s)	[kuba]
Cyprus	**Kipra** (s)	[kipra]
Czech Republic	**Čehija** (s)	[tʃexija]
Denmark	**Dānija** (s)	[da:nija]
Dominican Republic	**Dominikas Republika** (s)	[dɔminikas rɛpublika]
Ecuador	**Ekvadora** (s)	[ekvadɔra]
Egypt	**Ēģipte** (s)	[e:dʲipte]
England	**Anglija** (s)	[aŋglija]
Estonia	**Igaunija** (s)	[igaunija]
Finland	**Somija** (s)	[sɔmija]
France	**Francija** (s)	[frantsija]
French Polynesia	**Frančū Polinēzija** (s)	[frantʃu pɔline:zija]
Georgia	**Gruzija** (s)	[gruzija]
Germany	**Vācija** (s)	[va:tsija]
Ghana	**Gana** (s)	[gana]
Great Britain	**Lielbritānija** (s)	[liɛlbrita:nija]
Greece	**Griekija** (s)	[griɛtʲija]
Haiti	**Haiti** (v)	[xaiti]
Hungary	**Ungārija** (s)	[uŋga:rija]

100. Countries. Part 2

Iceland	Īslande (s)	[i:slande]
India	Indija (s)	[indija]
Indonesia	Indonēzija (s)	[indɔne:zija]
Iran	Irāna (s)	[ira:na]
Iraq	Irāka (s)	[ira:ka]
Ireland	Īrija (s)	[i:rija]
Israel	Izraēla (s)	[izraɛ:la]
Italy	Itālija (s)	[ita:lija]

Jamaica	Jamaika (s)	[jamaika]
Japan	Japāna (s)	[japa:na]
Jordan	Jordānija (s)	[jɔrda:nija]
Kazakhstan	Kazahstāna (s)	[kazaxsta:na]
Kenya	Kenija (s)	[kenija]
Kirghizia	Kirgizstāna (s)	[kirgizsta:na]
Kuwait	Kuveita (s)	[kuvɛita]
Laos	Laosa (s)	[laɔsa]
Latvia	Latvija (s)	[latvija]
Lebanon	Libāna (s)	[liba:na]
Libya	Lībija (s)	[li:bija]
Liechtenstein	Lihtenšteina (s)	[lixtenʃtɛina]
Lithuania	Lietuva (s)	[liɛtuva]
Luxembourg	Luksemburga (s)	[luksemburga]

Macedonia (Republic of ~)	Maķedonija (s)	[matʲedɔnija]
Madagascar	Madagaskara (s)	[madagaskara]
Malaysia	Malaizija (s)	[malaizija]
Malta	Malta (s)	[malta]
Mexico	Meksika (s)	[meksika]
Moldova, Moldavia	Moldova (s)	[mɔldɔva]

Monaco	Monako (s)	[mɔnakɔ]
Mongolia	Mongolija (s)	[mɔŋgɔlija]
Montenegro	Melnkalne (s)	[melnkalne]
Morocco	Maroka (s)	[marɔka]
Myanmar	Mjanma (s)	[mjanma]
Namibia	Namībija (s)	[nami:bija]
Nepal	Nepāla (s)	[nɛpa:la]
Netherlands	Nīderlande (s)	[ni:derlande]
New Zealand	Jaunzēlande (s)	[jaunzɛ:lande]
North Korea	Ziemeļkoreja (s)	[ziɛmelʲkoreja]
Norway	Norvēģija (s)	[nɔrve:dʲija]

101. Countries. Part 3

| Pakistan | Pakistāna (s) | [pakista:na] |
| Palestine | Palestīna (s) | [palesti:na] |

Panama	Panama (s)	[panama]
Paraguay	Paragvaja (s)	[paragvaja]
Peru	Peru (v)	[pɛru]
Poland	Polija (s)	[pɔlija]
Portugal	Portugāle (s)	[portugaːle]
Romania	Rumānija (s)	[rumaːnija]
Russia	Krievija (s)	[kriɛvija]

Saudi Arabia	Saūda Arābija (s)	[sauːda araːbija]
Scotland	Skotija (s)	[skɔtija]
Senegal	Senegāla (s)	[senɛgaːla]
Serbia	Serbija (s)	[serbija]
Slovakia	Slovākija (s)	[slɔvaːkija]
Slovenia	Slovēnija (s)	[slɔveːnija]

South Africa	Dienvidāfrikas Republika (s)	[diɛnvidaːfrikas rɛpublika]
South Korea	Dienvidkoreja (s)	[diɛnvidkɔreja]
Spain	Spānija (s)	[spaːnija]
Suriname	Surinama (s)	[surinama]
Sweden	Zviedrija (s)	[zviɛdrija]
Switzerland	Šveice (s)	[ʃvɛitse]
Syria	Sīrija (s)	[siːrija]

Taiwan	Taivāna (s)	[taivaːna]
Tajikistan	Tadžikistāna (s)	[tadʒikistaːna]
Tanzania	Tanzānija (s)	[tanzaːnija]
Tasmania	Tasmānija (s)	[tasmaːnija]
Thailand	Taizeme (s)	[taizɛme]
Tunisia	Tunisija (s)	[tunisija]
Turkey	Turcija (s)	[turtsija]
Turkmenistan	Turkmenistāna (s)	[turkmenistaːna]

Ukraine	Ukraina (s)	[ukraina]
United Arab Emirates	Apvienotie Arābu Emirāti (v dsk)	[apviɛnɔtiɛ araːbu emiraːti]
United States of America	Amerikas Savienotās Valstis (s dsk)	[amerikas saviɛnɔtaːs valstis]
Uruguay	Urugvaja (s)	[urugvaja]
Uzbekistan	Uzbekistāna (s)	[uzbekistaːna]

Vatican	Vatikāns (v)	[vatikaːns]
Venezuela	Venecuēla (s)	[vɛnetsuɛːla]
Vietnam	Vjetnama (s)	[vjetnama]
Zanzibar	Zanzibāra (s)	[zanzibaːra]

GASTRONOMIC GLOSSARY

This section contains a lot of words and terms associated with food. This dictionary will make it easier for you to understand the menu at a restaurant and choose the right dish

T&P Books Publishing

English	Latvian	Pronunciation
aftertaste	piegarša (s)	[piɛgarʃa]
almond	mandeles (s dsk)	[mandɛles]
anise	anīss (v)	[ani:s]
aperitif	aperitīvs (v)	[aperiti:vs]
appetite	apetīte (s)	[apeti:te]
appetizer	uzkožamais (v)	[uzkoʒamais]
apple	ābols (v)	[a:bols]
apricot	aprikoze (s)	[aprikoze]
artichoke	artišoks (v)	[artiʃoks]
asparagus	sparģelis (v)	[spardʲelis]
Atlantic salmon	lasis (v)	[lasis]
avocado	avokado (v)	[avɔkadɔ]
bacon	bekons (v)	[bekɔns]
banana	banāns (v)	[bana:ns]
barley	mieži (v dsk)	[miɛʒi]
bartender	bārmenis (v)	[ba:rmenis]
basil	baziliks (v)	[baziliks]
bay leaf	lauru lapa (s)	[lauru lapa]
beans	pupas (s dsk)	[pupas]
beef	liellopu gaļa (s)	[liɛllopu galʲa]
beer	alus (v)	[alus]
beetroot	biete (s)	[biɛte]
bell pepper	graudu pipars (v)	[graudu pipars]
berries	ogas (s dsk)	[ɔgas]
berry	oga (s)	[ɔga]
bilberry	mellene (s)	[mellɛne]
birch bolete	bērzu beka (s)	[be:rzu bɛka]
bitter	rūgts	[ru:gts]
black coffee	melnā kafija (s)	[melna: kafija]
black pepper	melnie pipari (v dsk)	[melniɛ pipari]
black tea	melnā tēja (s)	[melna: te:ja]
blackberry	kazene (s)	[kazɛne]
blackcurrant	upene (s)	[upɛne]
boiled	vārīts	[va:ri:ts]
bottle opener	atvere (s)	[atvɛre]
bread	maize (s)	[maize]
breakfast	brokastis (s dsk)	[brɔkastis]
bream	plaudis (v)	[plaudis]
broccoli	brokolis (v)	[brɔkolis]
Brussels sprouts	Briseles kāposti (v dsk)	[brisɛles ka:pɔsti]
buckwheat	griķi (v dsk)	[gritʲi]
butter	sviests (v)	[sviɛsts]
buttercream	krēms (v)	[kre:ms]
cabbage	kāposti (v dsk)	[ka:pɔsti]

cake	kūka (s)	[ku:ka]
cake	torte (s)	[tɔrte]
calorie	kalorija (s)	[kalɔrija]
can opener	atvere (s)	[atvɛre]
candy	konfekte (s)	[kɔnfekte]
canned food	konservi (v dsk)	[kɔnservi]
cappuccino	kapučīno (v)	[kaputʃi:nɔ]
caraway	ķimenes (s dsk)	[tʲimɛnes]
carbohydrates	ogļhidrāti (v dsk)	[ɔglʲxidra:ti]
carbonated	gāzēts	[ga:ze:ts]
carp	karpa (s)	[karpa]
carrot	burkāns (v)	[burka:ns]
catfish	sams (v)	[sams]
cauliflower	puķkāposti (v dsk)	[putʲka:pɔsti]
caviar	ikri (v dsk)	[ikri]
celery	selerija (s)	[sɛlerija]
cep	baravika (s)	[baravika]
cereal crops	graudaugi (v dsk)	[graudaugi]
cereal grains	putraimi (v dsk)	[putraimi]
champagne	šampanietis (v)	[ʃampaniɛtis]
chanterelle	gailene (s)	[gailɛne]
check	rēķins (v)	[re:tʲins]
cheese	siers (v)	[siɛrs]
chewing gum	košļājamā gumija (s)	[kɔʃlʲa:jama: gumija]
chicken	vista (s)	[vista]
chocolate	šokolāde (s)	[ʃɔkɔla:de]
chocolate	šokolādes	[ʃɔkɔla:des]
cinnamon	kanēlis (v)	[kane:lis]
clear soup	buljons (v)	[buljɔns]
cloves	krustnagliņas (s dsk)	[krustnagliɲas]
cocktail	kokteilis (v)	[kɔktɛilis]
coconut	kokosrieksts (v)	[kɔkɔsriɛksts]
cod	menca (s)	[mentsa]
coffee	kafija (s)	[kafija]
coffee with milk	kafija (s) ar pienu	[kafija ar piɛnu]
cognac	konjaks (v)	[kɔnjaks]
cold	auksts	[auksts]
condensed milk	kondensētais piens (v)	[kɔndensɛ:tais piɛns]
condiment	piedeva (s)	[piɛdɛva]
confectionery	konditorejas izstrādājumi (v dsk)	[kɔnditɔrejas izstra:da:jumi]
cookies	cepumi (v dsk)	[tsɛpumi]
coriander	koriandrs (v)	[kɔriandrs]
corkscrew	korķviļķis (v)	[kɔrtʲvilʲtʲis]
corn	kukurūza (s)	[kukuru:za]
corn	kukurūza (s)	[kukuru:za]
cornflakes	kukurūzas pārslas (s dsk)	[kukuru:zas pa:rslas]
course, dish	ēdiens (v)	[e:diɛns]
cowberry	brūklene (s)	[bru:klɛne]
crab	krabis (v)	[krabis]
cranberry	dzērvene (s)	[dze:rvɛne]
cream	salds krējums (v)	[salds kre:jums]

197

crumb	gabaliņš (v)	[gabaliɲʃ]
crustaceans	vēžveidīgie (v dsk)	[ve:ʒvɛidi:giɛ]
cucumber	gurķis (v)	[gurtʲis]
cuisine	virtuve (s)	[virtuvɛ]
cup	tase (s)	[tasɛ]
dark beer	tumšais alus (v)	[tumʃais alus]
date	datele (s)	[datɛlɛ]
death cap	suņu sēne (s)	[suɲu sɛ:nɛ]
dessert	deserts (v)	[dɛsɛrts]
diet	diēta (s)	[diɛ:ta]
dill	dilles (s dsk)	[dillɛs]
dinner	vakariņas (s dsk)	[vakariɲas]
dried	žāvēts	[ʒa:ve:ts]
drinking water	dzeramais ūdens (v)	[dzɛramais u:dens]
duck	pīle (s)	[pi:lɛ]
ear	vārpa (s)	[va:rpa]
edible mushroom	ēdama sēne (s)	[ɛ:dama sɛ:nɛ]
eel	zutis (v)	[zutis]
egg	ola (s)	[ɔla]
egg white	baltums (v)	[baltums]
egg yolk	dzeltenums (v)	[dzeltenums]
eggplant	baklažāns (v)	[baklaʒa:ns]
eggs	olas (s dsk)	[ɔlas]
Enjoy your meal!	Labu apetīti!	[labu apeti:ti!]
fats	tauki (v dsk)	[tauki]
fig	vīģe (s)	[vi:dʲe]
filling	pildījums (v)	[pildi:jums]
fish	zivs (s)	[zivs]
flatfish	bute (s)	[bute]
flour	milti (v dsk)	[milti]
fly agaric	mušmire (s)	[muʃmire]
food	ēdiens (v)	[e:diɛns]
fork	dakša (s)	[dakʃa]
freshly squeezed juice	svaigi spiesta sula (s)	[svaigi spiɛsta sula]
fried	cepts	[tsepts]
fried eggs	ceptas olas (s dsk)	[tseptas ɔlas]
frozen	sasaldēts	[sasalde:ts]
fruit	auglis (v)	[auglis]
fruits	augļi (v dsk)	[auglʲi]
game	medījums (v)	[medi:jums]
gammon	šķiņķis (v)	[ʃtʲiɲtʲis]
garlic	ķiploks (v)	[tʲiplɔks]
gin	džins (v)	[dʒins]
ginger	ingvers (v)	[iŋgvɛrs]
glass	glāze (s)	[gla:ze]
glass	pokāls (v)	[pɔka:ls]
goose	zoss (s)	[zɔs]
gooseberry	ērkšķoga (s)	[e:rkʃtʲɔga]
grain	graudi (v dsk)	[graudi]
grape	vīnoga (s)	[vi:nɔga]
grapefruit	greipfrūts (v)	[grɛipfru:ts]
green tea	zaļā tēja (s)	[zalʲa: te:ja]

greens	zaļumi (v dsk)	[zalʲumi]
halibut	āte (s)	[aːte]
ham	šķiņķis (v)	[ʃtʲiɲtʲis]
hamburger	malta gaļa (s)	[malta galʲa]
hamburger	hamburgers (v)	[xamburgɛrs]
hazelnut	lazdu rieksts (v)	[lazdu riɛksts]
herring	siļķe (s)	[silʲtʲe]
honey	medus (v)	[mɛdus]
horseradish	mārrutki (v dsk)	[maːrrutki]
hot	karsts	[karsts]
ice	ledus (v)	[lɛdus]
ice-cream	saldējums (v)	[saldeːjums]
instant coffee	šķīstošā kafija (s)	[ʃtʲiːstoʃa: kafija]
jam	džems, ievārījums (v)	[dʒems], [iɛvaːriːjums]
jam	ievārījums (v)	[iɛvaːriːjums]
juice	sula (s)	[sula]
kidney bean	pupiņas (s dsk)	[pupiɲas]
kiwi	kivi (v)	[kivi]
knife	nazis (v)	[nazis]
lamb	jēra gaļa (s)	[jeːra galʲa]
lemon	citrons (v)	[tsitrɔns]
lemonade	limonāde (s)	[limɔnaːde]
lentil	lēcas (s dsk)	[leːtsas]
lettuce	dārza salāti (v dsk)	[daːrza salaːti]
light beer	gaišais alus (v)	[gaiʃais alus]
liqueur	liķieris (v)	[litʲiɛris]
liquors	alkoholiskie dzērieni (v dsk)	[alkɔxɔliskiɛ dzeːriɛni]
liver	aknas (s dsk)	[aknas]
lunch	pusdienas (s dsk)	[pusdiɛnas]
mackerel	skumbrija (s)	[skumbrija]
mandarin	mandarīns (v)	[mandariːns]
mango	mango (v)	[maŋgɔ]
margarine	margarīns (v)	[margariːns]
marmalade	marmelāde (s)	[marmɛlaːde]
mashed potatoes	kartupeļu biezenis (v)	[kartupɛlʲu biɛzenis]
mayonnaise	majonēze (s)	[majɔnɛːze]
meat	gaļa (s)	[galʲa]
melon	melone (s)	[melɔne]
menu	ēdienkarte (s)	[eːdiɛnkarte]
milk	piens (v)	[piɛns]
milkshake	piena kokteilis (v)	[piɛna kɔktɛilis]
millet	prosa (s)	[prɔsa]
mineral water	minerālūdens (v)	[minɛraːluːdens]
morel	lāčpurnis (v)	[laːtʃpurnis]
mushroom	sēne (s)	[sɛːne]
mustard	sinepes (s dsk)	[sinɛpes]
non-alcoholic	bezalkoholisks	[bɛzalkɔxɔlisks]
noodles	nūdeles (s dsk)	[nuːdɛles]
oats	auzas (s dsk)	[auzas]
olive oil	olīveļļa (s)	[ɔliːvelʲlʲa]
olives	olīvas (s dsk)	[ɔliːvas]

omelet	omlete (s)	[ɔmlɛte]
onion	sīpols (v)	[siːpɔls]
orange	apelsīns (v)	[apɛlsiːns]
orange juice	apelsīnu sula (s)	[apɛlsiːnu sula]
orange-cap boletus	apšu beka (s)	[apʃu bɛka]
oyster	austere (s)	[austɛre]
pâté	pastēte (s)	[pastɛːte]
papaya	papaija (s)	[papaija]
paprika	paprika (s)	[paprika]
parsley	pētersīlis (v)	[pɛːtɛrsiːlis]
pasta	makaroni (v dsk)	[makarɔni]
pea	zirnis (v)	[zirnis]
peach	persiks (v)	[pɛrsiks]
peanut	zemesrieksts (v)	[zɛmesriɛksts]
pear	bumbieris (v)	[bumbiɛris]
peel	miza (s)	[miza]
perch	asaris (v)	[asaris]
pickled	marinēts	[marineːts]
pie	pīrāgs (v)	[piːraːgs]
piece	gabals (v)	[gabals]
pike	līdaka (s)	[liːdaka]
pike perch	zandarts (v)	[zandarts]
pineapple	ananāss (v)	[ananaːs]
pistachios	pistācijas (s dsk)	[pistaːtsijas]
pizza	pica (s)	[pitsa]
plate	šķīvis (v)	[ʃtʲiːvis]
plum	plūme (s)	[pluːme]
poisonous mushroom	indīga sēne (s)	[indiːga sɛːne]
pomegranate	granātābols (v)	[granaːtaːbɔls]
pork	cūkgaļa (s)	[tsuːkgalʲa]
porridge	biezputra (s)	[biɛzputra]
portion	porcija (s)	[pɔrtsija]
potato	kartupelis (v)	[kartupelis]
proteins	olbaltumvielas (s dsk)	[ɔlbaltumviɛlas]
pub, bar	bārs (v)	[baːrs]
pudding	pudiņš (v)	[pudiɲʃ]
pumpkin	ķirbis (v)	[tʲirbis]
rabbit	trusis (v)	[trusis]
radish	redīss (v)	[rediːs]
raisin	rozīne (s)	[rɔziːne]
raspberry	avene (s)	[avɛne]
recipe	recepte (s)	[retsepte]
red pepper	paprika (s)	[paprika]
red wine	sarkanvīns (v)	[sarkanviːns]
redcurrant	sarkanā jāņoga (s)	[sarkana: jaːɲɔga]
refreshing drink	atspirdzinošs dzēriens (v)	[atspirdzinɔʃs dzeːriɛns]
rice	rīsi (v dsk)	[riːsi]
rum	rums (v)	[rums]
russula	bērzlape (s)	[beːrzlape]
rye	rudzi (v dsk)	[rudzi]
saffron	safrāns (v)	[safraːns]

salad	salāti (v dsk)	[sala:ti]
salmon	lasis (v)	[lasis]
salt	sāls (v)	[sa:ls]
salty	sāļš	[sa:lʲʃ]
sandwich	sviestmaize (s)	[sviɛstmaize]
sardine	sardīne (s)	[sardi:ne]
sauce	mērce (s)	[me:rtse]
saucer	apakštase (s)	[apakʃtase]
sausage	desa (s)	[dɛsa]
seafood	jūras produkti (v dsk)	[ju:ras prɔdukti]
sesame	sezams (v)	[sɛzams]
shark	haizivs (s)	[xaizivs]
shrimp	garnele (s)	[garnɛle]
side dish	piedeva (s)	[piɛdɛva]
slice	šķēlīte (s)	[ʃtʲe:li:te]
smoked	kūpināts	[ku:pina:ts]
soft drink	bezalkoholiskais dzēriens (v)	[bɛzalkɔxɔliskais dze:riɛns]
soup	zupa (s)	[zupa]
soup spoon	ēdamkarote (s)	[ɛ:damkarɔte]
sour cherry	skābais ķirsis (v)	[ska:bais tʲirsis]
sour cream	krējums (v)	[kre:jums]
soy	soja (s)	[sɔja]
spaghetti	spageti (v dsk)	[spageti]
sparkling	dzirkstošs	[dzirkstɔʃs]
spice	garšviela (s)	[garʃviɛla]
spinach	spināti (v dsk)	[spina:ti]
spiny lobster	langusts (v)	[laŋgusts]
spoon	karote (s)	[karɔte]
squid	kalmārs (v)	[kalma:rs]
steak	bifšteks (v)	[bifʃteks]
still	negāzēts	[nɛga:ze:ts]
strawberry	zemene (s)	[zɛmɛne]
sturgeon	store (s)	[stɔre]
sugar	cukurs (v)	[tsukurs]
sunflower oil	saulespuķu eļļa (s)	[saulesputʲu elʲlʲa]
sweet	salds	[salds]
sweet cherry	saldais ķirsis (v)	[saldais tʲirsis]
taste, flavor	garša (s)	[garʃa]
tasty	garšīgs	[garʃi:gs]
tea	tēja (s)	[te:ja]
teaspoon	tējkarote (s)	[te:jkarɔte]
tip	dzeramnauda (s)	[dzɛramnauda]
tomato	tomāts (v)	[tɔma:ts]
tomato juice	tomātu sula (s)	[tɔma:tu sula]
tongue	mēle (s)	[mɛ:le]
toothpick	zobu bakstāmais (v)	[zɔbu baksta:mais]
trout	forele (s)	[fɔrɛle]
tuna	tuncis (v)	[tuntsis]
turkey	tītars (v)	[ti:tars]
turnip	rācenis (v)	[ra:tsenis]
veal	teļa gaļa (s)	[tɛlʲa galʲa]

vegetable oil	augu eļļa (s)	[augu ellʲa]
vegetables	dārzeņi (v dsk)	[daːrzeɲi]
vegetarian	veģetārietis (v)	[vɛdʲɛtaːriɛtis]
vegetarian	veģetāriešu	[vɛdʲɛtaːriɛʃu]
vermouth	vermuts (v)	[vermuts]
vienna sausage	cīsiņš (v)	[tsiːsiɲʃ]
vinegar	etiķis (v)	[ɛtitʲis]
vitamin	vitamīns (v)	[vitamiːns]
vodka	degvīns (v)	[degviːns]
waffles	vafeles (s dsk)	[vafɛles]
waiter	oficiants (v)	[ɔfitsiants]
waitress	oficiante (s)	[ɔfitsiante]
walnut	valrieksts (v)	[valriɛksts]
water	ūdens (v)	[uːdens]
watermelon	arbūzs (v)	[arbuːzs]
wheat	kvieši (v dsk)	[kviɛʃi]
whiskey	viskijs (v)	[viskijs]
white wine	baltvīns (v)	[baltviːns]
wild strawberry	meža zemene (s)	[meʒa zɛmɛne]
wine	vīns (v)	[viːns]
wine list	vīnu karte (s)	[viːnu karte]
with ice	ar ledu	[ar lɛdu]
yogurt	jogurts (v)	[jɔgurts]
zucchini	kabacis (v)	[kabatsis]

Latvian-English gastronomic glossary

ābols (v)	[a:bɔls]	apple
āte (s)	[a:te]	halibut
ēdama sēne (s)	[ɛ:dama sɛ:ne]	edible mushroom
ēdamkarote (s)	[ɛ:damkarɔte]	soup spoon
ēdienkarte (s)	[e:diɛnkarte]	menu
ēdiens (v)	[e:diɛns]	course, dish
ēdiens (v)	[e:diɛns]	food
ērkšķoga (s)	[e:rkʃtʲɔga]	gooseberry
ķimenes (s dsk)	[tʲimɛnes]	caraway
ķiploks (v)	[tʲiplɔks]	garlic
ķirbis (v)	[tʲirbis]	pumpkin
šķēlīte (s)	[ʃtʲe:li:te]	slice
šķīstošā kafija (s)	[ʃtʲi:stɔʃa: kafija]	instant coffee
šķīvis (v)	[ʃtʲi:vis]	plate
šķiņķis (v)	[ʃtʲiɲtʲis]	ham
šķiņķis (v)	[ʃtʲiɲtʲis]	gammon
šampanietis (v)	[ʃampaniɛtis]	champagne
šokolāde (s)	[ʃɔkɔla:de]	chocolate
šokolādes	[ʃɔkɔla:des]	chocolate
ūdens (v)	[u:dens]	water
žāvēts	[ʒa:ve:ts]	dried
aknas (s dsk)	[aknas]	liver
alkoholiskie dzērieni (v dsk)	[alkɔxɔliskiɛ dze:riɛni]	liquors
alus (v)	[alus]	beer
anīss (v)	[ani:s]	anise
ananāss (v)	[anana:s]	pineapple
apšu beka (s)	[apʃu bɛka]	orange-cap boletus
apakštase (s)	[apakʃtase]	saucer
apelsīns (v)	[apɛlsi:ns]	orange
apelsīnu sula (s)	[apɛlsi:nu sula]	orange juice
aperitīvs (v)	[aperiti:vs]	aperitif
apetīte (s)	[apeti:te]	appetite
aprikoze (s)	[aprikoze]	apricot
ar ledu	[ar lɛdu]	with ice
arbūzs (v)	[arbu:zs]	watermelon
artišoks (v)	[artiʃɔks]	artichoke
asaris (v)	[asaris]	perch
atspirdzinošs dzēriens (v)	[atspirdzinɔʃs dze:riɛns]	refreshing drink
atvere (s)	[atvɛre]	bottle opener
atvere (s)	[atvɛre]	can opener
augļi (v dsk)	[auglʲi]	fruits
auglis (v)	[auglis]	fruit

augu eļļa (s)	[augu eļḷa]	vegetable oil
auksts	[auksts]	cold
austere (s)	[austɛre]	oyster
auzas (s dsk)	[auzas]	oats
avene (s)	[avɛne]	raspberry
avokado (v)	[avɔkadɔ]	avocado
bārmenis (v)	[ba:rmenis]	bartender
bārs (v)	[ba:rs]	pub, bar
bērzlape (s)	[be:rzlape]	russula
bērzu beka (s)	[be:rzu bɛka]	birch bolete
baklažāns (v)	[baklaʒa:ns]	eggplant
baltums (v)	[baltums]	egg white
baltvīns (v)	[baltvi:ns]	white wine
banāns (v)	[bana:ns]	banana
baravika (s)	[baravika]	cep
baziliks (v)	[baziliks]	basil
bekons (v)	[bekɔns]	bacon
bezalkoholiskais dzēriens (v)	[bɛzalkɔxɔliskais dze:riɛns]	soft drink
bezalkoholisks	[bɛzalkɔxɔlisks]	non-alcoholic
biete (s)	[biɛte]	beetroot
biezputra (s)	[biɛzputra]	porridge
bifšteks (v)	[bifʃteks]	steak
brūklene (s)	[bru:klɛne]	cowberry
Briseles kāposti (v dsk)	[brisɛles ka:pɔsti]	Brussels sprouts
brokastis (s dsk)	[brɔkastis]	breakfast
brokolis (v)	[brɔkɔlis]	broccoli
buljons (v)	[buljɔns]	clear soup
bumbieris (v)	[bumbiɛris]	pear
burkāns (v)	[burka:ns]	carrot
bute (s)	[bute]	flatfish
cīsiņš (v)	[tsi:siŋʃ]	vienna sausage
cūkgaļa (s)	[tsu:kgaḷa]	pork
ceptas olas (s dsk)	[tseptas ɔlas]	fried eggs
cepts	[tsepts]	fried
cepumi (v dsk)	[tsɛpumi]	cookies
citrons (v)	[tsitrɔns]	lemon
cukurs (v)	[tsukurs]	sugar
dārza salāti (v dsk)	[da:rza sala:ti]	lettuce
dārzeņi (v dsk)	[da:rzeɲi]	vegetables
džems, ievārījums (v)	[dʒems], [iɛva:ri:jums]	jam
džins (v)	[dʒins]	gin
dakša (s)	[dakʃa]	fork
datele (s)	[datɛle]	date
degvīns (v)	[degvi:ns]	vodka
desa (s)	[dɛsa]	sausage
deserts (v)	[dɛserts]	dessert
diēta (s)	[diɛ:ta]	diet
dilles (s dsk)	[dilles]	dill
dzērvene (s)	[dze:rvɛne]	cranberry
dzeltenums (v)	[dzeltenums]	egg yolk
dzeramais ūdens (v)	[dzɛramais u:dens]	drinking water

dzeramnauda (s)	[dzɛramnauda]	tip
dzirkstošs	[dzirkstɔʃs]	sparkling
etiķis (v)	[ɛtitʲis]	vinegar
forele (s)	[fɔrɛle]	trout
gāzēts	[ga:ze:ts]	carbonated
gaļa (s)	[galʲa]	meat
gabaliņš (v)	[gabaliɲʃ]	crumb
gabals (v)	[gabals]	piece
gaišais alus (v)	[gaiʃais alus]	light beer
gailene (s)	[gailɛne]	chanterelle
garšīgs	[garʃi:gs]	tasty
garša (s)	[garʃa]	taste, flavor
garšviela (s)	[garʃviɛla]	spice
garnele (s)	[garnɛle]	shrimp
glāze (s)	[gla:ze]	glass
granātābols (v)	[grana:ta:bɔls]	pomegranate
graudaugi (v dsk)	[graudaugi]	cereal crops
graudi (v dsk)	[graudi]	grain
graudu pipars (v)	[graudu pipars]	bell pepper
greipfrūts (v)	[grɛipfru:ts]	grapefruit
griķi (v dsk)	[gritʲiʲ]	buckwheat
gurķis (v)	[gurtʲis]	cucumber
haizivs (s)	[xaizivs]	shark
hamburgers (v)	[xamburgɛrs]	hamburger
ievārījums (v)	[iɛva:ri:jums]	jam
ikri (v dsk)	[ikri]	caviar
indīga sēne (s)	[indi:ga sɛ:ne]	poisonous mushroom
ingvers (v)	[iŋgvɛrs]	ginger
jēra gaļa (s)	[je:ra galʲa]	lamb
jūras produkti (v dsk)	[ju:ras prɔdukti]	seafood
jogurts (v)	[jɔgurts]	yogurt
kāposti (v dsk)	[ka:pɔsti]	cabbage
kūka (s)	[ku:ka]	cake
kūpināts	[ku:pina:ts]	smoked
kabacis (v)	[kabatsis]	zucchini
kafija (s)	[kafija]	coffee
kafija (s) ar pienu	[kafija ar piɛnu]	coffee with milk
kalmārs (v)	[kalma:rs]	squid
kalorija (s)	[kalɔrija]	calorie
kanēlis (v)	[kane:lis]	cinnamon
kapučīno (v)	[kaputʃi:nɔ]	cappuccino
karote (s)	[karɔte]	spoon
karpa (s)	[karpa]	carp
karsts	[karsts]	hot
kartupeļu biezenis (v)	[kartupɛlʲu biɛzenis]	mashed potatoes
kartupelis (v)	[kartupelis]	potato
kazene (s)	[kazɛne]	blackberry
kivi (v)	[kivi]	kiwi
košļājamā gumija (s)	[kɔʃlʲa:jama: gumija]	chewing gum
kokosrieksts (v)	[kɔkɔsriɛksts]	coconut
kokteilis (v)	[kɔktɛilis]	cocktail
kondensētais piens (v)	[kɔndensɛ:tais piɛns]	condensed milk

konditorejas izstrādājumi (v dsk)	[konditɔrejas izstra:da:jumi]	confectionery
konfekte (s)	[konfekte]	candy
konjaks (v)	[konjaks]	cognac
konservi (v dsk)	[konservi]	canned food
korķvilķis (v)	[kortʲvilʲtʲis]	corkscrew
koriandrs (v)	[koriandrs]	coriander
krējums (v)	[kre:jums]	sour cream
krēms (v)	[kre:ms]	buttercream
krabis (v)	[krabis]	crab
krustnagliņas (s dsk)	[krustnagliɲas]	cloves
kukurūza (s)	[kukuru:za]	corn
kukurūza (s)	[kukuru:za]	corn
kukurūzas pārslas (s dsk)	[kukuru:zas pa:rslas]	cornflakes
kvieši (v dsk)	[kvieʃi]	wheat
lāčpurnis (v)	[la:tʃpurnis]	morel
lēcas (s dsk)	[le:tsas]	lentil
līdaka (s)	[li:daka]	pike
Labu apetīti!	[labu apeti:ti!]	Enjoy your meal!
langusts (v)	[laɲgusts]	spiny lobster
lasis (v)	[lasis]	salmon
lasis (v)	[lasis]	Atlantic salmon
lauru lapa (s)	[lauru lapa]	bay leaf
lazdu rieksts (v)	[lazdu rieksts]	hazelnut
ledus (v)	[lɛdus]	ice
liķieris (v)	[litʲiɛris]	liqueur
liellopu gaļa (s)	[liɛllopu galʲa]	beef
limonāde (s)	[limɔna:de]	lemonade
mārrutki (v dsk)	[ma:rrutki]	horseradish
mēle (s)	[mɛ:le]	tongue
mērce (s)	[me:rtse]	sauce
maize (s)	[maize]	bread
majonēze (s)	[majɔnɛ:ze]	mayonnaise
makaroni (v dsk)	[makarɔni]	pasta
malta gaļa (s)	[malta galʲa]	hamburger
mandarīns (v)	[mandari:ns]	mandarin
mandeles (s dsk)	[mandɛles]	almond
mango (v)	[maŋgɔ]	mango
margarīns (v)	[margari:ns]	margarine
marinēts	[marine:ts]	pickled
marmelāde (s)	[marmɛla:de]	marmalade
meža zemene (s)	[meʒa zɛmɛne]	wild strawberry
medījums (v)	[medi:jums]	game
medus (v)	[mɛdus]	honey
mellene (s)	[mɛllɛne]	bilberry
melnā kafija (s)	[melna: kafija]	black coffee
melnā tēja (s)	[melna: te:ja]	black tea
melnie pipari (v dsk)	[melniɛ pipari]	black pepper
melone (s)	[melɔne]	melon
menca (s)	[mentsa]	cod
mieži (v dsk)	[miɛʒi]	barley
milti (v dsk)	[milti]	flour

minerālūdens (v)	[minɛra:lu:dens]	mineral water
miza (s)	[miza]	peel
mušmire (s)	[muʃmire]	fly agaric
nūdeles (s dsk)	[nu:dɛles]	noodles
nazis (v)	[nazis]	knife
negāzēts	[nɛga:ze:ts]	still
oficiante (s)	[ɔfitsiante]	waitress
oficiants (v)	[ɔfitsiants]	waiter
ogļhidrāti (v dsk)	[oglʲxidra:ti]	carbohydrates
oga (s)	[ɔga]	berry
ogas (s dsk)	[ɔgas]	berries
olīvas (s dsk)	[ɔli:vas]	olives
olīveļļa (s)	[ɔli:vellʲa]	olive oil
ola (s)	[ɔla]	egg
olas (s dsk)	[ɔlas]	eggs
olbaltumvielas (s dsk)	[ɔlbaltumviɛlas]	proteins
omlete (s)	[ɔmlɛte]	omelet
pētersīlis (v)	[pɛ:tɛrsi:lis]	parsley
pīle (s)	[pi:le]	duck
pīrāgs (v)	[pi:ra:gs]	pie
papaija (s)	[papaija]	papaya
paprika (s)	[paprika]	red pepper
paprika (s)	[paprika]	paprika
pastēte (s)	[pastɛ:te]	pâté
persiks (v)	[pɛrsiks]	peach
pica (s)	[pitsa]	pizza
piedeva (s)	[piɛdɛva]	side dish
piedeva (s)	[piɛdɛva]	condiment
piegarša (s)	[piɛgarʃa]	aftertaste
piena kokteilis (v)	[piɛna koktɛilis]	milkshake
piens (v)	[piɛns]	milk
pildījums (v)	[pildi:jums]	filling
pistācijas (s dsk)	[pista:tsijas]	pistachios
plūme (s)	[plu:me]	plum
plaudis (v)	[plaudis]	bream
pokāls (v)	[pɔka:ls]	glass
porcija (s)	[pɔrtsija]	portion
prosa (s)	[prɔsa]	millet
puķkāposti (v dsk)	[putʲka:pɔsti]	cauliflower
pudiņš (v)	[pudiɲʃ]	pudding
pupas (s dsk)	[pupas]	beans
pupiņas (s dsk)	[pupiɲas]	kidney bean
pusdienas (s dsk)	[pusdiɛnas]	lunch
putraimi (v dsk)	[putraimi]	cereal grains
rācenis (v)	[ra:tsenis]	turnip
rēķins (v)	[re:tʲins]	check
rīsi (v dsk)	[ri:si]	rice
rūgts	[ru:gts]	bitter
recepte (s)	[retsepte]	recipe
redīss (v)	[redi:s]	radish
rozīne (s)	[rɔzi:ne]	raisin
rudzi (v dsk)	[rudzi]	rye

rums (v)	[rums]	rum
sāļš	[sa:lʃ]	salty
sāls (v)	[sa:ls]	salt
sēne (s)	[sɛ:ne]	mushroom
sīpols (v)	[si:pɔls]	onion
safrāns (v)	[safra:ns]	saffron
salāti (v dsk)	[sala:ti]	salad
saldējums (v)	[saldeːjums]	ice-cream
saldais ķirsis (v)	[saldais tʲirsis]	sweet cherry
salds	[salds]	sweet
salds krējums (v)	[salds kre:jums]	cream
sams (v)	[sams]	catfish
sardīne (s)	[sardi:ne]	sardine
sarkanā jāņoga (s)	[sarkana: ja:ɲɔga]	redcurrant
sarkanvīns (v)	[sarkanvi:ns]	red wine
sasaldēts	[sasalde:ts]	frozen
saulespuķu eļļa (s)	[saulesputʲu ellʲa]	sunflower oil
selerija (s)	[sɛlerija]	celery
sezams (v)	[sɛzams]	sesame
siļķe (s)	[silʲtʲe]	herring
siers (v)	[siɛrs]	cheese
sinepes (s dsk)	[sinɛpes]	mustard
skābais ķirsis (v)	[ska:bais tʲirsis]	sour cherry
skumbrija (s)	[skumbrija]	mackerel
soja (s)	[sɔja]	soy
spageti (v dsk)	[spageti]	spaghetti
sparģelis (v)	[spardʲelis]	asparagus
spināti (v dsk)	[spina:ti]	spinach
store (s)	[stɔre]	sturgeon
suņu sēne (s)	[suɲu sɛ:ne]	death cap
sula (s)	[sula]	juice
svaigi spiesta sula (s)	[svaigi spiɛsta sula]	freshly squeezed juice
sviestmaize (s)	[sviɛstmaize]	sandwich
sviests (v)	[sviɛsts]	butter
tēja (s)	[te:ja]	tea
tējkarote (s)	[te:jkarɔte]	teaspoon
tītars (v)	[ti:tars]	turkey
tase (s)	[tase]	cup
tauki (v dsk)	[tauki]	fats
teļa gaļa (s)	[tɛlʲa galʲa]	veal
tomāts (v)	[tɔma:ts]	tomato
tomātu sula (s)	[tɔma:tu sula]	tomato juice
torte (s)	[tɔrte]	cake
trusis (v)	[trusis]	rabbit
tumšais alus (v)	[tumʃais alus]	dark beer
tuncis (v)	[tuntsis]	tuna
upene (s)	[upɛne]	blackcurrant
uzkožamais (v)	[uzkɔʒamais]	appetizer
vārīts	[va:ri:ts]	boiled
vārpa (s)	[va:rpa]	ear
vēžveidīgie (v dsk)	[ve:ʒvɛidi:giɛ]	crustaceans
vīģe (s)	[vi:dʲe]	fig